© Copyright 2019 – Charton Baggio Scheneider
Reprodução proibida. Todos os direitos reservados.
Baggio Scheneider, Charton
O poder da Influência: A Psicologia dos Mestres Persuasivos
Londrina/PR/Brasil 2019

O Poder da Influência: A Psicologia dos Mestres Persuasivos

Sumário

Introdução 3
Guia do Espectador 5
Meu Compromisso para Excelência 6
Prefácio 7
Primeiro Pense no Principal 21
Perguntas de Revisão vs. projeção 23
Construindo Sua Máquina Propulsora 27
A Dúzia Mortal das Vendas 28
PARTE I: UMA FUNDAÇÃO PARA O SUCESSO!
.... 37
Sessão 1 - Compromisso Para Excelência! 38
Sessão 2 - A Ciência da Persuasão: Por Que Nós Compramos! 44
Sessão 3 - As 9 Ferramentas MestredDa Influência 52
Sessão 4 - Os Seis Segredos Para Criar Pressão Interna Para Comprar! 67
PARTE II: A VENDA MAIS IMPORTANTE QUE VOCÊ FARÁ AGORA! 74
Sessão 1 - Razões Constrangedoras: Como Libertar Seu Poder 75
Sessão 2 - O Poder Ilimitado Da Convicção! 83
Sessão 3 – Administração do Estado – A Diferença Entre Sucesso e o Fracasso 92
PARTE III: OS 10 PASSOS PARA MAESTRIA EM VENDAS! 102
Os 10 Passos Para Maestria Em Vendas! 103
FASE 1 - EMPENHE-OS! 104
Passo Um - Prepare! & Faça Sua Lição De Casa! 105
Passo Dois - Ligue-Se! 112
Passo Três - Estabeleça Contato & Adquira A Sua Atenção! 119
Passo Quatro - Conecte & Fique Seu Melhor Amigo 132
Passo Cinco - Crie Interesse 141
FASE 2: OS ASSOCIE! 148
Passo Seis - Os Qualifique: Sonde os Problemas & Aumente a Lesão! 149
Passo Sete - Crie Convicção & Teste o Fechamento 177
FASE 3: OS COMPILA! 188
Passo Oito - Torne Real & Assuma a Venda! 189
Passo Nove - Converta as Objeções em Compromissos! 197
Passo Dez - Torne Fácil & Crie Um Futuro! 213
Apêndice 222

Introdução

*em-vindo ao **O Poder da Influência – A Psicologia dos Mestres Persuasivos**. A habilidade para influenciar e persuadir é o maior poder sobre a terra para impactar a qualidade de nossas vidas e daqueles aos quais nos rodeiam. A diferença entre sucesso e fracasso, felicidade e tristeza, riqueza e pobreza. Sua habilidade em influenciar e persuadir as outras pessoas é a última instância de liberdade na vida. Este livro tem o compromisso de ajudá-lo a instalar as melhores estratégias de influência conhecidas na atualidade.*

Este não é um simples livro, ele é baseado em anos de pesquisas sobre os maiores persuasores do mundo, marqueteiros e, pessoas de vendas. Utilizando as tecnologias de modelar o comportamento, pode-se descobrir o que especificamente coloca essas pessoas a parte de todo o resto, o que as fazem diferentes, o que as fazem tão prósperas.

Este livro foi escrito para lhe ajudar a implementar as estratégias modeladas de pessoas de vendas que ganham mais de um quarto de um milhão de dólares de renda por ano. O que é verdadeiramente excitante é que estas informações simplesmente não serão as mesmas velhas do material "como fechar uma venda" que você e eu ouvimos e lemos ao longo dos anos.

Aqui será apresentado os alicerçares e ferramentas fundamentais. Há certos passos básicos que nós ainda temos que dar diariamente para ter sucesso, mas além daquele material, você encontrará, além do limiar, o que de fato influencia as pessoas para tomar decisões ao nível mais profundo. Você descobrirá exatamente o que os anunciantes, marqueteiros e, persuasores fazem para conseguir com que as pessoas se sintam como se elas tivessem que comprar, se sentir como se elas fossem compelidas para fazer compras, fazendo isto de certo modo que ainda seja elegante, fazendo isto de certo modo que não seja baseado na aproximação tradicional de alta-pressão que a maioria das pessoas de vendas pensa que elas precisam usar para ter êxito.

O Poder da Influência foi escrito para lhe ajudar a se treinar para ter muito mais êxito. Todo o mundo precisa de um coach. Neste livro tentarei lhe conduzir na utilização das coisas que você já sabe, o fazendo se lembrar delas, junto com o re-focalizar nelas, como também lhe dando estratégias específicas sobre como utilizar as novas ferramentas que podem levar sua carreira e sua renda a um nível inteiramente novo.

Isto pode soar como se eu estivesse fazendo algumas reivindicações muito grandes, não é mesmo? Há uma coisa que vem a tona inúmeras vezes ao se estudar as maiores pessoas de vendas – elas tem consistentemente aprendido a obter para si mesmas as coisas que são necessárias para lhes permitir produzirem os resultados que elas realmente mais desejam na vida.

Quando se aprende a se persuadir, persuadir os outros fica inacreditavelmente fácil. Tudo e qualquer coisa que você deseja neste mundo está disponível se você puder aprender a influenciar satisfazendo as necessidades mais altas das pessoas e verdadeiramente sendo um doador de valor. Eu o convido a se comprometer 100% para participação ativa, plena e envolvida neste livro, assim você pode adquirir muito mais dele.

Eu estou seguro que você sabe que a maioria dos estudos mostram que quando alguém lê algo e isso é tudo que elas fazem, são esquecidos 80% do que elas leram dentro de dois ou três

O Poder da Influência: A Psicologia dos Mestres Persuasivos

dias. O modo para combater isto é utilizar estas informações tão depressa quanto você a aprende e, ter certeza que você lerá este livro inúmeras vezes por repetição espaçada – esta é a razão do por que este livro é dividido em partes.

Esteja certo de começar agora mesmo conforme que você ler de forma ativa este livro, conforme você responde as imagens se eu estiver de fato em sua presença – Eu estou. Tome notas, anote coisas, utilize as caricaturas, isto resultará a você o encontro além de qualquer coisa que você já sonhou. Eu espero algum dia obter uma carta sua e descobrir como sua vida foi impactada por este livro. Eu amaria ouvir sua história.

Bem, agora vamos começar. Bem-vindo ao começo de uma nova viagem vitalícia, uma viagem no domínio da persuasão. Deixe-me começar.

Sinceramente,

Charton Baggio Scheneider

Guia do Espectador

Este *overview* de como este livro está montado o ajudará a maximizar seu benefício de sua leitura. **O Poder da Infuência – A Psicologia dos Mestres Persuasivos** é dividido em quatro seções. Essas seções são:

- *Seção I:*   Criando a Fundação
- *Seção II:*   *A Venda Mais Importante Que Você Fará Agora*
- *Seção III:*   *Os Dez Passos Para Maestria em Vendas*
- *Seção IV:*   *Distinções Adicionais e Compromissos*

Você descobrirá revisando este livro que cada seção foi subdividida em sessões ou passos. A Seção III também é representada por um formato progressivo de cores. Os primeiros passos estão em Vermelho. A razão para isto é que eu acredito que estes elementos são as distinções mais importantes que você tem que fazer nesta seção antes de você poder mudar para os aspectos de sua carreira de venda à frente. Sem esta fundação, os outros passos será um desperdício de tempo. Os passos Amarelos representam precauções, i.e., as coisas para as quais você tem que prestar atenção íntima. O Verde são os passos que o levarão ao nível de sucesso que você deseja, agora que você construiu uma fundação para saltar. Há uma hierarquia definitiva de importância e uma sintaxe de instrução neste livro. É extremamente importante que você siga de um passo a outro na ordem na qual este livro foi organizado para alcançar os benefícios máximos deste.

Além das distinções de cores e locais desta informação, cartoons para memorização foram anexados na sessão Os Dez Passos da Excelência em Vendas para criar humor e impactar a impressões em sua mente que o ajudará a se lembrar exatamente onde você está a toda hora no processo de venda.

Desfrute a viagem no domínio das vendas.

O PODER DA INFLUÊNCIA: A PSICOLOGIA DOS MESTRES PERSUASIVOS

Meu Compromisso para Excelência

Data: _____

Nome: _____

O que você comercializa agora ou vende como um produto _____
_____
_____

Como você é pago? Salário? Comissão? _____

Qual foi sua renda mensal (média) durante os últimos 90 dias? *(Por favor seja absolutamente preciso com zero de exagero ao responder esta pergunta. Você ficará alegre pelo que você fez depois por muitas razões como você virá a entender.)* _____
_____

Que habilidade de vendas vai mais gostar de melhorar com este livro? _____
_____
_____
_____

Que resultados você está comprometido a alcançar? Qual é sua meta global com a leitura deste livro? _____
_____
_____
_____
_____

Eu, _____, estou absolutamente comprometido a dobrar minhas ligações de prospecção durante o período de leitura deste livro para _____ por dia ou semana.

Os compromissos precedentes e declarações são absolutamente verdadeiras e precisas e eu as alcançarei porque: _____
_____
_____
_____
_____

Assinatura: _____

Prefácio

COMO AUMENTAR GARANTIDAMENTE 30% DE SUAS VENDAS DENTRO DE 6 MESES OU MENOS

A razão pela qual posso lhe garantir 30% de aumento em suas vendas é porque você vai aprender o processo e o *mindset* que as pessoas de vendas mais prósperas usam para alcançar rendas de $250,000 ou mais constantemente, e é um processo comprovado que lhe permitirá fazer isto sempre.

Você terá os meios para que você possa fechar mais transações e ganhar mais dinheiro mais rápido e mais fácil e que realmente significa para você é que você terá o nível de sucesso e liberdade que você realmente quer.

A razão pela qual eu digo isso é porque estas estratégias foram ensinadas a milhares das pessoas, e para algumas das maiores companhias no mundo, e implementando estas estratégias, eles puderam não só cultivar os seus negócios a 30 ou 50 por cento, mas cem, duzentos, trezentos por cento.

Quanto 30% é mais dinheiro para Você?

Se você faz $35,000 = $10,500 mais dólares em seu bolso

Se você faz $50,000 = $15,000 dólares extras que você pode gastar

Se você faz $100,000 = $30,000 de dinheiro livre

O que você faria com $10,000 $15,000 ou $30,000 dólares extras?

Se você trabalha 50 horas por semana--Trabalhar 15 horas a menos pelo mesmo pagamento.

O que você faria com 15 horas extras por semana?

Este é o segredo mais bem guardado na Indústria de Vendas

"O Poder da Influência" lhe dará o pulo prospero da mediocricidade das vendas para as Vendas de sucesso. Porém, lembre-se: o que você verá a seguir é apenas a ponta do iceberg do que está se transformando em um vasto movimento, não relatado, subterrâneo.

Mindset + Habilidade Fixada + Execução = Vendas de sucesso

Sem todos os três você sempre lutará com as vendas. Este livro é o único que *lhe dá* todos os três – Mindset, Jogo de Habilidades e Execução. Lhe garanto aumentar suas vendas em 30% ou mais em 6 meses ou menos quando você aplica o que este livro lhe ensinará. Agora você tem que se fazer uma pergunta séria.

Se alguém está lhe garantindo um aumento de suas vendas em 30% em 6 meses ou menos, **você está disposto a não apenas ler este livro, mas aplicar o que ele lhe ensina para adquirir estes resultados?**

Outra pergunta fundamental para que se faça -- **Você está comprometido com ter sucesso nas suas vendas ou apenas interessado?**

Interesse VS. Comprometimento

Pessoa Interessada	Pessoa Comprometida
Interessado significa que você fará o que for conveniente.	Comprometido significa que você está disposto a fazer o que precisa.
Interessado significa que você gostaria, mas não está seguro se você realmente quer isto.	Comprometido significa que você realmente deseja aumentar as vendas de sucesso.

Assim, você está comprometido ou apenas interessado em ter sucesso nas vendas?

Se você só está interessado em seu sucesso, você pode economizar algum tempo por parar de ler este livro agora mesmo. Porque você achará apenas algumas razões (ou eu devo dizer desculpas) para não fazer o que estou garantindo que aumentarão suas vendas em pelo menos 30%.

Se você está comprometido com seu sucesso em vendas eu não só o prometemos mas *Lhe Garanto* que posso lhe ajudar a aumentar suas vendas em 30% em 6 meses ou menos, a única pergunta real que você deve ter é "você pode confiar no que ensino neste livro?"

Se você está comprometido a ter sucesso em suas vendas **você achará um modo para fazer o investimento de tempo para ler e aplicar os conhecimentos que este livro possui.** Se você está comprometido com ter sucesso em suas vendas **você achará um modo para fazer o que for necessário para que isso aconteça.**

Pense nisto. Quanto significa 30% a mais em vendas em dinheiro extra que você terá? Se tempo é mais importante para você -- E você aumenta suas vendas em 30%, isso significa que você terá 30% de tempo livre a mais e estará fazendo a mesma quantia exata de dinheiro -- ou umas 2 horas extras diariamente por semana para fazer o que você quiser (baseado em 45 horas de trabalho semanais). Qual é o valor se tiver 2 horas extras livres diariamente por semana? **O que você faria diariamente com 2 horas extras?**

Você quer saber se você pode primeiro confiar no que ensino neste livro? Ponto válido. Empresas como Ford, AT&T, *Avaya*, Cisco e Blue Cross Blue &

Blue Shield investiram 4.7 milhões de dólares para ter o mesmo material que você está adquirindo com este livro.

Então me deixe lhe ajudar a fazer todo o trabalho.

Porque lhe prometo, se você na verdade levar o tempo para ler toda palavra deste livro, você verá por você por que posso me comprometer e posso <u>Garantir</u> seu sucesso.

Então sem mais cerimônias...

Uma Palavra de Precaução: Como todos nós sabemos, se você não aplicar o que você sabe, todas as melhores técnicas de vendas no mundo são completamente inúteis.

Ao contrário de todos os outros livros de vendas por aí, nós dedicamos uma parte deste para lhe ajudar a assegurar de fato que você aplica o que este lhe ensina.

Quanto tempo por semana tem tirado prospectando? Muitas pessoas sabem que elas fazem isto, mas elas realmente não sabem por que. Assim lhe ajudo a descobrir e elimino as razões que o impedem de prospectar.

Uma das razões mais comuns das pessoas não prospectar é o medo. Elas deixaram o medo da rejeição as parar. Na verdade há um processo que faço no meu seminário "O Poder da Influência" que ajuda a eliminar o medo da rejeição. É chamado de **"Processo Dickens"** que lhe ajuda a deixar seus medos partirem. Imagine nunca mais ser parado novamente pelo medo. Prospectando e fazendo ligações com confiança. Isto é apenas uma das coisas que lhe ajudo a fazer no seminário.

Vender é uma Ciência, não uma arte. O que significa que você pode aprender a cercar de mais transações prosperamente em menos tempo. Este livro ensina os Segredos de Vendas usados pelas pessoas/companhias mais prósperas listadas na revista *Fortune 100*.

A versão extremamente resumida deste livro:

Mindset + Habilidade Fixada + Execução = Sucesso nas Vendas

Mindset	Primeiro, motivação não é o mesmo que **Mindset**. Qualquer um pode o inflar e só pode o motivar a isto por pouco tempo. Deixando-o exatamente onde você estava. Você conhece aqueles dias quando você está ligando e tudo está funcionando perfeitamente. Isso é um *Mindset* e Você aprenderá a estar neste mindset através da escolha, não da sorte.
Jogo de habilidades	Jogo de habilidade é sabendo quais transações pode fechar e como as fechar. Você aprenderá os 10 passos do processo de vendas o que lhe dão o "mapa da estrada" de onde você está, onde você precisa ir e que

	passos para pegar o prospecto e obter um sim.
Execução	Executar é simplesmente fazer isto. Sem razões, medo de rejeição ou diálogo interno que entram no caminho.

A maioria dos outros livros de vendas, só cobrem alguns dos jogos de habilidades e lhe desejam sorte em aplicar o que você leu.

Este livro de Vendas lhe dá treinamento em todas as três áreas, Mindset, Jogo de Habilidade e Execução. Deste modo com este livro você estará aplicando o que você aprendeu constantemente e estará produzindo resultados extraordinários.

Os 10 passos que você vai aprender são tão consistentes, eu lhe garanto, com qualquer transação que você alguma vez perdeu. Posso mostrar para você que passo você perdeu a transação, de forma garantida, toda vez.

Na realidade, se você olha para suas recentes transações que não fecharam, eu até mesmo aposto que você pode achar a razão por que elas não aconteceram.

AS 10 MAIORES RAZÕES COMUNS PELAS QUAIS SUAS TRANSAÇÕES NÃO FECHAM:

1. Não Fazendo Sua Lição de Casa:

Antes de você poder vender para qualquer um, qualquer coisa, você tem que saber algo sobre o que eles querem, assim você pode dar isto a eles. Você tem que saber quem são eles e o que você quer lhes perguntar primeiro, antes de você conversa com eles.

Se você não lhes puder dar o que eles querem, claro que eles não vão comprar.

2. Não Estar Num *Peak State*:

Se você está cansado, não pensando claramente, transtornado, infeliz, deprimido ou quaisquer das centenas de outros estados negativos nos quais você poderia estar, você pensa que você fará a venda? Você compraria de uma pessoa deprimida ou infeliz?

Não Estar em *Peak State* significa que o Medo é mais provável de lhe parar. Quantas vendas você perdeu porque o medo lhe parou de até mesmo ligar para alguém?

Se você não estiver em um *Peak State* (estado de cume), você não pode esperar fechar a transação.

3. Você Não Estabeleceu Contato:

Este aqui é fácil.

Se você não estabelecer contato, você nunca vai fazer a venda.

4. Você Não Ganhou a Confiança Deles:

Pessoas não compram de pessoas nas quais elas não confiam. Se você não ganha a confiança das pessoas ao vender a elas, você pode se esquecer que elas irão comprar, até mesmo se eles quiserem isto. As pessoas sairão do seu caminho para achar alguém que elas confiam para comprar, até mesmo se for a mesma coisa exata que você está vendendo.

Se as Pessoas não confiarem em você, elas não comprarão de você.

5. Você Não Criou Interesse Neles:

Você precisa que as pessoas estejam esperando todas as palavras de sua declaração, me "conte mais!" Você não pode fazer isto lhes contando mais, você não pode fazer isto lhes contando o que você pensa que elas querem ouvir, você não pode fazer isto lhes falando quão grande é o seu produto.

Se as pessoas não estiverem interessadas, elas não ouvirão uma palavra que você diz, não importa como pertinente você pensa que elas são.

Se as pessoas não estiverem escutando, elas não estão comprando.

6. Eles Nunca Iam Comprar de Qualquer Maneira:

Você sabe as transações que você passou tanto tempo nelas, sem nunca as ter fechado? Há cinco perguntas simples que o deixarão saber imediatamente se seu cliente potencial vai comprar ou não. Mais nenhum tempo perdido perseguindo prospectos que nunca vão comprar de qualquer maneira.

Por exemplo, se seu prospecto não tiver o dinheiro, eles não comprarão.

Se você desperdiça seu tempo em prospectos que não se importa com quão grande é a transação nunca comprará, bem, eles nunca comprarão.

7. Nenhuma Convicção ou Compromisso

Muitas pessoas estão interessadas em algo, mas elas não estão comprometidas a comprar isto.

A diferença entre comprometido e interessado é que **o prospecto interessado poderá comprar se for bastante fácil. Prospectos comprometidos farão o que puderem para comprar.**

Se você não adquirir o compromisso de seus prospectos para comprar, você perderá a transação.

8. Não Era Real Para Eles

Você pode ter o melhor produto no mundo, mas se seu prospecto não acredita que funcionará para eles, não faz nenhuma diferença o que você diz.

As pessoas têm que acreditar que os resultados que seu produto entrega são possíveis para elas.

Se seu prospecto acredita que o produto entrega os resultados para os outros, mas não para elas. Ainda não fechará a transação.

9. Se as Pessoas Têm Objeções Sem Resposta

As pessoas quase sempre terão objeções. Mas se você deixar qualquer objeção sem resposta, parará a pessoa de comprar.

Imagine alguém pensar, Você sabe que eu gostaria de comprar, mas eu não penso que isto faz o que eu quero. Claro que eles não vão comprar.

Objeções sem resposta sempre são as britadoras de transação.

10. Você Não Criou Uma Relação Futura

Já ouviu falar do remorso do comprador e eles querem o dinheiro deles de volta? Se as pessoas não podem se ver com o produto ou podem consertar no futuro, eles quererão um reembolso.

Você tem que criar um futuro para eles com seu produto ou serviço se a transação fechar, caso contrário até mesmo cairá.

Eu vou fazer uma declaração realmente corajosa. A INCLUSIVE A NEGRITO. **80% do tempo que você gasta numa venda é perdido.**

Quantas vezes você passou pela apresentação perfeita, só para adquirir um "não"? Todo o tempo que você passou está agora perdido. E como disse antes, toda vez que uma transação não fecha, SEMPRE é porque você não fez ou não fez efetivamente um ou mais dos 10 passos nos 10 passos do processo de vendas que você aprenderá no nosso seminário de treinamento de vendas.

Mais causas de seu tempo que é perdido:

4 entre cada 5 prospectos que você vê não estão qualificados. Eles nunca comprarão agora seja quão grande seu produto ou oferta for.

Você pode descobrir facilmente se eles realmente estão qualificados antes de você começar. Qualquer hora que você gasta com pessoas que não estão qualificadas é perdida.

Se as Pessoas não têm qualquer um dos seguintes, elas não estão qualificadas e você está desperdiçando seu tempo com elas:

- Uma necessidade para seu produto ou serviço
- Um desejo para o que você tem
- Um problema que seu produto ou serviço está fixando
- A autoridade para tomar a decisão ou
- O dinheiro para comprar o que você está vendendo

E a maioria das pessoas está perdendo uma destas qualidades pelo menos. Na realidade em minha experiência, *4 entre 5 pessoas não são qualificadas a comprar* porque elas não têm todas estas em relação a qualquer determinado produto ou serviço que você está vendendo.

Não Prospectando. Quanto tempo incontável você designa para prospectar, você programou tempo até mesmo para fazer isto, entretanto nunca fez isto ou deixou depois de uma ou duas ligações? Quantos dias, ou eu deveria dizer semanas ou meses o têm desperdiçado não prospectando como você sabe que você "deve"?

Medo de não saber o que dizer é o que pára muitas pessoas de prospectar. Quando você faz sua lição de casa que é um dos passos que você aprenderá no treinamento de vendas, você saberá o que dizer agora. Você estará preparando e quase excitando as pessoas de ligação frias. Ok, não realmente entusiasmado, mas pelo menos confortável e confiante de fazendo isto.

Remorso dos compradores. Quantas vezes você gastou tempo e realmente fechou a transação, só para ter o comprador querendo o seu dinheiro de volta? Fora quanto dinheiro você deixou de levar de pessoas que mudaram a sua idéia depois que elas já ter dito que sim?

Você aprenderá a fazer as transações firmes e eliminar o remorso dos compradores quando Você aprender o 10º passo dos 10 passos do processo de vendas.

Lembre-se: *Mindset* **+ Habilidade Fixada + Execução = Sucesso**

Seu *Mindset* é a parte mais importante desta equação. A coisa que quase ninguém mais até mesmo fala até mesmo nos seminários de vendas delas.

Me deixe lhe dar um exemplo. Pegue duas pessoas de vendas. Uma que fecha 1 entre cada 10 transações e uma que fecha 9 entre cada 10 transações. Chamemos de José o que fecha só 1 a cada 10 transações. Obviamente o jogo de habilidade dele não é tão bom quanto a outra pessoa de vendas. Mas se ele sai e faz 100 apresentações por dia, e o outro sujeito só faz 10, o José ganhará mais dinheiro.

É o jogo mental de José que lhe permitiria continuamente fazer diariamente isto e não deixar razões ou desculpas ou estar cansado lhe parar de fazer isto.

Como seu mindset muda em nosso seminário de treinamento de vendas?

Isto não é um *Rah-Rah-Pump* de um curso de Motivação. Ao contrário de muitos outros seminários, cursos e treinamentos que nós só somos inflados para daqui a 4 dias estarmos novamente no antigo padrão porque o "balão" foi esvaziado.

Uma das coisas que nós fazemos é passar quase um dia inteiro lidando com você.

Você é seu pior inimigo, saiba ou não, contudo você sabe disto.

Nós como seres humanos temos esta coisa chamada nossa Mente. E freqüentemente ela nos diz coisas embora nós queiramos ou saibamos que nós deveríamos "fazer". Nossa mente nos convence freqüentemente que nós não podemos fazer ou não as faremos, antes de nós tentássemos até mesmo.

Nossa Mente cria medo que nos para em nossos rastos. Eu ajudo as pessoas a eliminar esses medos.

Você alguma vez teve medo de ser rejeitado por um cliente potencial dizer "não", e aquele medo o parou até mesmo de ir a ele ou de fazer a ligação? Você alguma vez teve medo que travou de dizer a alguém o que você realmente queria

O Poder da Influência: A Psicologia dos Mestres Persuasivos

dizer sobre aquele assustado pelo que eles poderiam dizer ou poderiam pensar? Você alguma vez teve medo que o travou de pedir a venda ou a encomenda, porque você não queria que eles dissessem que não? Estes são só alguns dos medos que nos param.

Já ouviu a pequena voz em sua cabeça dizendo coisas semelhantes a:

- Eu não posso fazer isso
- Eu não sou bom o bastante para isso
- É duro para eu vender "a esses"
- Algo sempre dá errado durante a conclusão
- Tudo o que pode dar errado dará errado
- Você tem que trabalhar "duro" por seu dinheiro

Vender é Revelador. Quanto mais você fala mais você vende.

É esta pequena voz e acreditar no que ela nos diz que faz o trabalho improdutivo, sendo travado pelo medo e no final das contas, perder as transações.

Em meu seminário durante quase um dia inteiro nós ajudamos a você e a sua mente inconsciente a se mover além destas convicções limitantes assim elas já não o afetam, o param, e o limitam como elas tinham no passado.

Na realidade, muitas das convicções que estão lhe limitando, você não tem nem mesmo conhecimento sobre isso. Nós lhe ajudamos a descobrir e lhe ajudamos a sair de seu próprio caminho, libertando-se.

Entretanto, este não é um livro motivacional, você estará mais naturalmente inspirado quando você o terminar. Porque você estará entrando em seu próprio caminho.

Durante sua leitura deste livro, eu uso o Poderoso "Processo Dickens" que lhe ajuda a se libertar de seus medos e convicções que limitam o seu sucesso. Este é o mesmo processo usado no nosso treinamento de fim de semana **Desperte Seu Gigante Interior**. Assim nós sabemos que funciona.

O processo Dickens é um processo sistemático que o guia passo a passo para desmantelar e libertar todas as histórias inventadas e convicções limitantes que entram no caminho do suas vendas de sucesso. É um processo que produz resultados permanentes em 92.4% das pessoas que o usam. Dos 7.6% das pessoas que não vêem resultados permanentes, elas simplesmente o fazem novamente. (Ok estas não são estatísticas e um estudo, mas a estimativa baseada na observação e avaliação de milhões de pessoas que usaram este processo.)

Isto o deixará com um Jogo Mental Destemido, Naturalmente Inspirado, de Desempenho Máximo para alcançar o sucesso nas vendas que você deseja.

Com as partes da equação Mente Fixada e Habilidades Fixadas -- (lembre-se, *Maindset* + Habilidade Fixada + Execução = Sucesso nas Vendas)

Charton Baggio Scheneider

OS RESULTADOS QUE VOCÊ PODE ESPERAR DEPOIS DA LEITURA DESTE LIVRO SÃO:

Prospectar torna-se fácil e conhecerá como fazer perguntas aos prospectos porque... O que você aprende no Passo 1 dos 10 passos do processo de vendas...

Fazer Sua Lição de Casa

- Antes de você poder vender para qualquer um, qualquer coisa você tem que saber algo sobre o que eles querem assim você pode dar isto a eles. Você tem que saber quem são eles e o que você quer lhes perguntar primeiro antes de você conversar com eles. Onde faz de fato você achar estes prospectos potenciais e os melhores lugares para os procurar.
- Imagine fazer prospecção fácil sem medo que qualquer coisa.

Cercando seus medos e fazendo o que você sabe que você deve "fazer" porque... O que você aprende no Passo 2 dos 10 passos do processo de vendas...

Ligue-se!

- Imagine que você Acessou e Mantém Seu "Estados" de Venda Mais Poderoso toda vez que você esta com um cliente, isso melhoraria suas vendas? Você aprenderá como acessar constantemente e habitualmente seu *Peak State* sempre que você escolher.
- Quando você ligar-se você não terá dúvidas, medo e preocupação. Imagine se você pode remover qualquer dúvida imediatamente sobre vendas, rejeição ou relutância de ligar em sua mente. Quanto mais produtivo você seria?

Ir Além dos "Guardiães de Portão" e voicemail e fixar o compromisso sem resistência porque... O que você aprende no Passo 3 dos 10 passos do processo de vendas...

Estabeleça Contato

- Se você quer vender qualquer coisa de fato que você tem que estabelecer contato com clientes potenciais. E se lembre, lhe ajudo a remover seus medos e bloqueios assim você faz isto de fato.
- Você aprenderá a planejar a pré-chamada & lhe ajudamos a achar as ferramentas que o ajudarão a determinar as necessidades específicas de seu cliente e desejos. Porque quando você souber as necessidades específicas deles e desejos, você pode preencher esses desejos mais facilmente.
- **Como obter a atenção imediata de seus clientes** – pessoalmente ou no telefone. Quando você obter a atenção deles eles estarão lhe escutando e você terá começado o processo de vendas.

O Poder da Influência: A Psicologia dos Mestres Persuasivos

- **Como passar efetivamente dos porteiros e voicemail**, e como superar a resistência para fixar compromissos. Imagine ser capaz de evitar voicemail, porteiros e ser capaz de falar diretamente com os tomadores de decisão e não tendo resistência para fixar um compromisso.

Consiga que as Pessoas Queiram Comprar de você ganhando a confiança deles quase imediatamente porque... O que você aprende no Passo 4 dos 10 passos do processo de vendas...

Você aprende a lhes Fazer Seu Melhor Amigo

- Se seus melhores amigos dissessem, ei, eu há pouco achei a coisa perfeita para você e lhe dissesse onde você poderia obter a coisa exata pela qual você estava procurando, você iria comprar isto? Claro que sim. Você pode estabelecer este tipo de sentimento em minutos com quase qualquer um.
- Dentro de alguns minutos mais você pode criar também um nível profundo de confiança, conexão e comodidade com pessoas novas que você se encontra.
- É uma das mais simples e a mais poderosas das habilidades que você pode aprender – e você aprende isto em 17 minutos em meu seminário de vendas.

Pessoas que Esperam Toda Palavra Sua Porque... O que você aprende no Passo 5 dos 10 passos do processo de vendas...

Crie Interesse Insaciável

- Imagine as pessoas esperarem toda palavra sua, interessadas e querendo ouvir o que você tem a dizer.
- Até que você tem seu prospecto dizendo a você "me conte mais" não os aborreça lhes fazendo perguntas ou mimando que torna difícil o processo de venda. Será um desperdício de Seu Tempo.
- Você saberá criar exatamente este interesse em todo prospecto que você se encontra.

Supere facilmente alguma resistência de vendas porque... O que você aprende no Passo 6 dos 10 passos do processo de vendas...

Sondar os Problemas e Soluções

- Com cinco perguntas que você simplesmente saberá agora e saberá imediatamente se seu cliente potencial vai comprar ou não. Mais nenhum tempo perdido perseguindo prospectos que nunca vão comprar de qualquer maneira.
- Consiga que as pessoas vejam os problemas delas e a dor que está lhe causando, assim eles serão motivados a comprar agora em vez do pavoroso, eu vou pensar nisto.
- Dê as pessoas razões emocionais que as compelem e literalmente dirigirão a comprar agora.

Tenha as pessoas que dizem SIM quando você fizer o fechamento porque... O que você aprende no Passo 7 dos 10 passos do processo de vendas...

Crie Convicção e Obtenha o Compromisso Deles

- Você conhece as necessidades de seus clientes, valores e desejos, agora simplesmente lhes mostre o mapa da estrada para adquirir o que eles querem e os deixe comprar.
- Os deixe ver como os problemas deles desaparecem e os desejos deles são realizados com o uso de seu produto ou serviço.
- Saiba se eles vão comprar de fato antes de você fazer o fechamento da venda.
- Você nunca obterá um "não" quando você fechar a venda. Porque você nunca fechará a venda até que você saiba que a resposta é sim.
- Saber "como" fechar a transação é fácil, saber "quando" fechar a transação é a chave do sucesso ou fracasso.

Crie desejo extremo no cliente para comprar o que você está vendendo porque... O que você aprende no Passo 8 dos 10 passos do processo de vendas...

Faça Isto Real e Assuma a Venda

- Torne a necessidade e desejo do cliente em um quadro vívido que os dirija a comprar.
- Perguntas que soltam a Imaginação de Seu Cliente assim eles são compelidos a comprar agora. Imagens de sucesso com suas vendas.

Transforme todas as "objeções" em compromissos mais fortes do cliente para comprar porque... O que você aprende no Passo 9 dos 10 passos do processo de vendas...

Converta Objeções em Compromissos – Objeções são sua amiga.

- Imagine ser capaz de virar toda objeção que alguém tem sobre seu produto ou serviço em um maior compromisso para comprar seu produto. Isto significaria que quanto mais objeções eles têm melhor. E é.
- Imagine ser capaz de obter mais compromissos para comprar com confiança e competência controlando imediatamente qualquer objeção que você ouve – sempre – e transformando isto em compromissos para comprar.

Elimine o remorso dos compradores e obtenha mais indicações porque... O que você aprende no Passo 10 dos 10 passos do processo de vendas...

Torne Fácil e Crie Uma Relação Futura

- Crie um Fator Emocionante! que os entusiasme a negociar com você. Obtenha mais indicações de seus clientes existentes que estejam altamente qualificados e prontos a compra.

O Poder da Influência: A Psicologia dos Mestres Persuasivos

- Tenha Certeza das transações seguras.

Você Entra Em Quaisquer Destas Armadilhas Que Desperdiçam Tempo?

- **Perdendo prospectos por causa do medo** – e quanto tempo você desperdiça fazendo isto? Se você estivesse prospectando quanto mais subiria sua renda?
- **Deixando o Medo Lhe Travar de pedir a venda?** Quantas horas ou dias numa semana você desperdiça por nunca perseguir as transações pedindo a venda? Se você fechasse mais transações quanto dinheiro a mais você ganharia?
- Já teve uma transação que não fechou? 80% dessas não transações você poderia ter sabido antecipadamente que não ia fechar e passar seu tempo perseguindo aquelas que são prováveis fechar. Se todo seu tempo estivesse gasto em transações que são prováveis fechar, quanto dinheiro a mais você faria?

Um dos 10 passos que Você aprenderá é como saber se é provável que um prospecto compre ou não, antes de você os conhecesse até mesmo.

Quanto você ganhou durante seu melhor mês no ano passado?

Eu usarei um exemplo, digamos R$5.000,00 foi seu melhor mês.

Agora qual foi sua renda mensal normal? Simplesmente pegue sua renda anual e divida-a por doze. E digamos sua média mensal tenha sido R$2.500,00.

Agora façamos a matemática. Não se preocupe, a matemática é realmente simples.

Quanto você ganhou durante seu melhor mês?	R$	_____
Quanto você ganhou como uma média dos últimos 12 meses?	(-) R$	_____
		X 12
Quanto dinheiro nos 12 meses deixou partir de sua mesa?		_____

Agora o que significa este número?

Este número significa a quantia de dinheiro que você deixou partir de sua mesa porque você não estava executando em seu melhor e não sabia os 10 passos do processo de vendas.

Como eu dissesse antes, garanto que toda transação que você alguma vez perdeu pode ser atribuída facilmente a não fazer ou inefetividade ao fazer um dos 10 passos no processo dos 10 passos de vendas que você aprenderá no seminário de vendas "O Poder da Influência".

O passo 2 sempre lhe ajudará a estar em seu *Peak State* "Ligando-se" quando você escolher.

Se você só ganhasse 30% daquela quantia nos próximos 6 meses, quanto dinheiro você ainda teria partido depois do investimento neste seminário?

Então aqui está o que eu quero que você faça. Eu quero que você pense na quantia de dinheiro que você deixou partir de sua mesa, qualquer número que seja para você, em meu exemplo este é R$30.000,00.

Você quer continuar pagando a quantia que isto custa por não ser seu melhor ou você quer investir em seu sucesso para adquirir todo o dinheiro que você tem deixado partir de sua mesa?

Quando Suas vendas de sucesso aumentarem pelo menos 30% nos próximos 6 meses, quanto dinheiro extra você terá em seu bolso?

Relembrando:

Quanto é mais 30%?

- Se você faz R$35.000 = R$10.500 a mais em seu bolso
- Se você faz R$50.000 = R$15.000 extras que você pode gastar
- Se você faz R$100.000 = R$30.000 de dinheiro livre

O que você faria com R$10.000 R$15.000 ou R$30.000 reais extras?

Ou

Se você trabalha 50 horas por semana -- **Trabalhar 15 horas menos pelo mesmo pagamento.**

O que você faria com 15 horas extras por semana?

Como "O Poder da Influência" você ganhará mais dinheiro e lhe economizara tempo.

Feche mais transações mais rapidamente -- No Passo 1 você aprende a fazer sua lição de casa. Se você soubesse as perguntas certas para fazer aos prospectos quantas transações a mais você pensa que você fecharia?

Acabe com a Procrastinação -- No Passo 2 você aprende a "ligar-se". Se você estivesse executando em seu *Peak State* de vendas até que ponto você vai fechar mais transações. A que velocidade você moveria pelo processo de vendas?

Fixar Compromissos -- Com o Passo 3 você pode evitar os Guardiões de Portão e voicemail e obter o compromisso com facilidade. Quando você tem mais compromissos e faz apresentações o que isso fará ao número de transações que você fecha?

Criar Confiança Imediata – No Passo 4 você cria confiança quase imediata e conexão entre você e seu prospecto. Com confiança e conexão entre você e seus prospectos eles são mais provável a comprar de você?

Tenha o Cliente Que Espera Toda Palavra Sua -- No Passo 5 você cria interesse no prospecto e os tem esperando toda palavra sua. Quando as pessoas estão interessadas no que você está lhes dizendo você pensa que elas são mais prováveis a comprar? Assim de quanto tempo você economizará por não ter que se repetir?

Rápido e Facilmente Elimine Estorvos—No Passo 6 você elimina todas as transações que nunca irão fecharão não importa quão grande você ou sua oferta serem. Se todas essas pessoas que não têm dinheiro suficiente, que não têm a autoridade para tomar a decisão ou não querem o seu produto de fato fossem capinadas logo, quanto tempo você economizaria. Quantas transações extras que fechariam de verdade você seria capaz de passar o seu tempo com elas?

Obter o Compromisso das Pessoas Para Comprar -- Quando você obtém o compromisso das pessoas para comprar, como você aprendem a fazer no Passo 7, começar o fechamento da venda cada vez mais e mais freqüentemente. Quando seu fechamento racional é intenso você irá ganha mais dinheiro em menos tempo?

Criar Desejos Ardentes Para as Pessoas Comprarem — No Passo 8 você cria razões irresistíveis que dirigem as pessoas para comprar. Quando as pessoas são dirigidas por uma necessidade interna e querem comprar, você pensa que você fechará mais transações? Venderá mais produtos ou serviços?

Transformar Todas as Objeções em Compromissos -- Com o Passo 9 você transforma todas as objeções das pessoas em compromissos mais fortes para comprar. Se toda objeção que seus prospectos propuseram se transformam em uma razão mais forte para eles comprarem, você pensa que você fecharia mais transações e ganharia mais dinheiro?

Eliminar o Remorso dos Compradores e Obter Indicações -- Quando você elimina o remorso dos compradores e adquire mais indicações, no Passo 10, você sabe que você ganhará mais dinheiro, fechará mais transações e terá a liberdade e sucesso que você quer?

Não só lhe ajudo a fechar mais negócios, mas fechar isto mais rápido cortando os esbanjadores de tempo.

Primeiro Pense no Principal

Para que você obtenha muito mais deste livro, é crítico que você contextualize este na maneira como você o estará usando. Também é útil que você entenda suas motivações internas do por que você está fazendo este curso. Por favor, tire alguns minutos para preencher a seguinte informação.

Leia esta página por completo antes de *preencher todos os espaços em branco.*

1. O que você quer poder fazer como resultado de sua leitura deste livro? *(Seja específico e concreto e declare em termos do que você estará vendo, ouvindo e sentindo.)*

   _____
   _____
   _____
   _____
   _____

2. O que é importante sobre ser capaz de ser/fazer/ter a resposta acima? *(Para você, pessoalmente. O que é importante sobre isto?)*

   _____
   _____
   _____
   _____
   _____

3. O que é importante sobre isso?

   _____
   _____
   _____

4. Porque?

   _____
   _____
   _____

5. Assim, no final das contas, qual vai ser a sua média?

   _____
   _____
   _____
   _____

6. Conforme você realiza isto, que mensagem você estará enviando para o mundo?

   _____
   _____
   _____
   _____

O Poder da Influência: A Psicologia dos Mestres Persuasivos

7. Mais importante, que mensagem está enviando você a si mesmo?
___

Agora, redeclare claramente e sucintamente suas respostas anteriores:

1. Como resultado da leitura deste livro, eu quero:
___

2. Eu quero fazer isto por que:
___

Eu concordo que eu farei o que for preciso para concretizar este resultado!

___
Sua Assinatura

Perguntas de Revisão vs. projeção

COMPLETANDO E SE LEMBRANDO DO ANO PASSADO

1. Qual foi seu maior triunfo no ano passado?
   _____
   _____
   _____
   _____
   _____

2. Qual foi a decisão mais inteligente que você tomou no ano passado?
   _____
   _____
   _____
   _____
   _____

3. Qual foi a maior lição que você aprendeu no ano passado?
   _____
   _____
   _____
   _____
   _____

4. Qual foi o serviço mais apaixonante que você executou no ano passado?
   _____
   _____
   _____
   _____

5. Qual foi o seu maior negócio inacabado no ano passado?
   _____
   _____
   _____
   _____

6. O que é que o deixou mais feliz por concluir no ano passado?
   _____
   _____
   _____
   _____
   _____

O Poder da Influência: A Psicologia dos Mestres Persuasivos

7. Quem foram as três pessoas que tiveram o maior impacto em sua vida no ano passado?

8. Qual foi o maior risco que você correu no ano passado?

9. Qual foi a sua maior surpresa do ano passado?

10. Qual a relação importante melhorou ainda mais no ano passado?

11. Que elogio você gostou ter recebido no ano passado?

12. Que elogio você gostou ter dado no ano passado?

13. O que mais você precisa fazer ou dizer para que o ano passado esteja completo?

CRIANDO SEU ANO ATUAL

1. Qual você gostaria que fosse seu maior triunfo neste ano?
   _____
   _____
   _____
   _____

2. De que conselho você gostaria de se dar neste ano?
   _____
   _____
   _____
   _____

3. Qual é o esforço principal que você está planejando para melhorar seus resultados financeiros neste ano?
   _____
   _____
   _____
   _____

4. O que o faria muito feliz ao concluir este ano?
   _____
   _____
   _____
   _____

5. O que você mais vai gostar de mudar sobre você neste ano?
   _____
   _____
   _____
   _____

6. O que você está esperando aprender neste ano?
   _____
   _____
   _____
   _____

7. Qual você pensa que será seu maior risco neste ano?
   _____
   _____
   _____
   _____

8. O que sobre seu trabalho você está mais comprometido a mudar e melhorar neste ano?

O Poder da Influência: A Psicologia dos Mestres Persuasivos

9. Qual é o seu menor talento (desenvolvido) que você está disposto a explorar neste ano?

10. O que lhe traz mais alegria e como você vai fazer ou ter mais disso neste ano?

11. Quem ou o que, diferente de você, você está mais comprometido a amar e servir neste ano?

12. Que palavra você gostaria de ter como seu tema neste ano?

Charton Baggio Scheneider

Construindo Sua Máquina Propulsora

Richard Bandler criador da Programação Neurolingüística (PNL), acabou transcendendo esta poderosa tenologia revolucionária do modelo de comunicação eficaz baseada na habilidade de organizar nossa linguagem e neurologia para alcançar resultados, através de uma nova ciência que ele denominou de "DHE – *Design Human Engineering*™" ou Engenharia de Projeto Humano.

DHE é um modelo para criar e acessar estados de excelência de maneira rápida e precisa através do mapeamento da relação entre o córtex e o sistema endócrino.

Desta forma, cria esta absoluta e única visão do mundo dos negócios e vendas.

Bandler criou um processo ao qual ele denominou de **"Máquina Propulsora"** que são mecanismos que puxam e empurram ao mesmo tempo. É ela que vai em direção ao sucesso. (*veja a figura o lado*)

Para entendermos a máquina propulsora, necessitamos entender o **Conceito de Riqueza**, ou seja, necessitamos nos convencer de que o que vamos fazer pode mudar tudo para sempre. Tomamos uma decisão quando olhamos para o objeto que desejamos.

Para construirmos nossa Máquina Propulsora (é ela que vai em direção a sucesso) dentro vamos direto a fonte, e assim, siga o que o próprio Bandler descreve...

> "Dentro de suas mentes comecem a sentir começar a chover dinheiro, porque você escutam um barulho engraçado, e notam que notas de 100 dólares estão caindo do céu e compreendem que podem apanhar quantas quiserem quando terminarem com aquele cliente. Portanto, olhem para eles em suas mentes, olhe para eles e comecem a se mover em direção a eles e vejam o medo em seus rostos. Vejam o dinheiro, caindo ainda com mai força, se empilhando ao seu redor de tal forma que você tem que abrir caminho através dele. Pegue uma das notas e sinta o cheiro de dinheiro novo. E comece a enfiar em seu bolso. Quanto mais perto você cegar daquele cliente, põe a mão no ombro dele e diz para você mesmo: "Há há há há há, esse ta no papo." Você vai começar a ajustar sua atitude em uma direção certa para o sucesso."

---

[1] Bandler, Richard & La Valle, John – Engenharia da Persuasão, Ed. Rocco, Rio de janeiro, 1999.

Charton Baggio Scheneider

A Dúzia Mortal das Vendas

OS 12 MAIORES EQUÍVOCOS FEITOS EM VENDAS, OS CUSTOS E RENDAS DE VENDAS... & COMO OS EVITAR!

A profissão de vendas é rapidamente mutável. Hoje, a oportunidade para altos ganhos financeiros vendendo é o melhor que já houve. Knight Kiplinger, em seu livro *World Boom Ahead*, declara haverá um "grande" prêmio a ser pago aos profissionais de vendas. Ele não está falando sobre executivos de marketing ou gerentes de vendas; ele se refere às pessoas que se superam *"descobrindo novos clientes e fechando novas transações."*

Anteriormente, o gerente de vendas era a força motriz atrás de todas as vendas e renda -- asseguravam território e organizavam as contas, também proviam novas ferramentas e negociavam preços, enquanto resseguravam o cliente e agiam como a "Grande Arma" de fechar a venda. Hoje, é o profissional de vendas que está fazendo tudo disto e mais.

A maioria dos gerentes de vendas hoje administra duas vezes mais pessoas do que antes e estão ocupados com assuntos operacionais, previsões de vendas, recrutamento, entrega de produtos/serviços que interessa, e cada vez mais, é esperado que eles vendam.

Como resultado, os profissionais de vendas estão sendo enviados para longe deles. Com apoio administrativo limitado, agora é essencial que os profissionais de vendas fiquem mais independentes e desenvolvam as sua habilidades de vendas, porque só as pessoas produtoras de vendas mais efetivas e mais elevadas sobreviverão.

Bem-vindo à era do profissional de vendas autogerido e auto-desenvolvido.

Por que a aproximação autogerida e auto-desenvolvida em venda são tão críticas nos dias de hoje?

São críticas porque a maioria dos profissionais de vendas tem que operar como se eles possuíssem o seu próprio negócio. Lhe é dado uma cota, determinado um laptop, telefone celular, panfletos, algumas palavras encorajadoras, e cai em um território. E, com a exceção de e-mail, correio de voz e uma reunião semanal, você está por conta própria. Este enredo soa familiar?

Os Doze Mortais são um paradoxo: os doze enganos que custam suas vendas e renda. Quando administradas e desenvolvidas, elas são as 12 áreas que todas as pessoas de vendas de mestre e produtores de elevadas rendas fazem o melhor. E, esta é a base do meu curso **"O Poder da Influência - o Curso de Maestria em Vendas."**

O propósito dos Doze Mortais são dois. Primeiro, lhe **proporcionar um ponto de partida** necessário para se tornar um profissional de vendas autogerido e auto-desenvolvido. Pense neste relatório como seu coach pessoal e guia especificamente projetado para lhe ajudar a identificar onde você está dentro das doze áreas específicas de vendas. Segundo, se este relatório lhe **prove uma idéia, perspectiva, ou estratégia até mesmo melhorar suas vendas** fazendo-o sentir-se inspirado e quem sabe venha a participar de meu curso *"O Poder da Influência - o Curso de Maestria em Vendas."*

A chave para seu sucesso em vendas é começar os processo de autogerir e auto-desenvolver-se. E *agora é a hora!*

O que é exatamente um profissional de vendas autogerido e auto-desenvolvido?

- ASSUME A TOTAL RESPONSABILIDADE POR GERAR RENDA E LUCRO.
- RECONHECE A NECESSIDADE PARA DESENVOLVER E REFINAR OS SEUS SISTEMAS DE VENDAS PESSOAIS.
- ENTENDE QUE SE NÃO FOREM DESENVOLVIDAS AS HABILIDADES DE VENDAS, ELAS DIMINUIRÃO COM O PASSAR DO TEMPO.

CRIANDO UMA FUNDAÇÃO PARA O SUCESSO

Há doze áreas específicas dentro do processo de venda que se você os dominar, você quase sempre avançará com a venda e aumentará sua relação final e sua renda dramaticamente. Sem elas, você perderá quase sempre a venda.

As 12 estratégias (cada uma está negrito) ou enganos mortais que as pessoas de vendas mais prósperas têm em comum são:

1. Estratégias para *preparação*
2. Estratégias para administrar suas *emoções* (i.e. seu estado emocional), desenvolvendo suas *metas e sistema de convicção de realização*
3. Estratégias para *prospectar* efetivamente.
4. Estratégias para construir *rapport & confiança*
5. Estratégias para *criar interesse*
6. Estratégias para *qualificar* os problemas do prospecto, as verdadeiras necessidades e as regras para consentimento

O Poder da Influência: A Psicologia dos Mestres Persuasivos

7. Estratégias para construir *convicção e facilitar compromissos* do prospecto que justificará a compra
8. Estratégias para criar uma experiência que *faça os benefícios de seu produto/serviço sejam reais* para seu prospecto
9. Estratégias para *converter objetivos* em compromissos
10. Estratégias para *administrar a conta e a relação futura*

Como mencionei anteriormente, os **Doze Mortais** são um paradoxo: os doze enganos são um modo que pode lhe valer vendas e renda, mas quando administrados e desenvolvidos, são as doze áreas nas quais todas as pessoas de vendas de mestre e produtores de alta-renda superam. Nas páginas seguintes, cada uma destas doze áreas foram transformadas em uma lista de conferencia para lhe ajudar imediatamente a começar a autogestão e processo de desenvolvimento *(Por marcar propósitos, nós combinamos emoções com convicções & metas significando que haverá 10 áreas no documento, não 12)*. Então comecemos!

Instruções

Há 4 passos a serem dados:

Passo 1: **Revise cada uma das dez seções e responda a cada pergunta.** Se a declaração for verdadeira, circule sim. Se não, deixe-a em branco até que você faça o que o leve para que isto seja um sim pleno.

Passo 2: **Resuma cada seção.** Some a quantidade de respostas "Sim" para cada uma das 10 seções (multiplicando por 2) e anote a soma no local indicado. Então some todas as 10 seções e escreva a soma total na caixa ao término deste formulário.

Passo 3: **Pinte o Quadro de Progresso.** Se você tiver um total de 4 pontos para preparação, pinte 4 blocos de baixo para cima (*veja o exemplo*). Sempre comece de baixo para cima. A meta é ter o quadro inteiro preenchido. Isto indicará onde você é mais bem desenvolvido/executando. Enquanto isso, você terá um quadro de seu desenvolvimento atual.

Passo 4: **Continue desenvolvendo suas habilidades** até que todas as caixas estejam preenchidas.

1) Estratégias para preparação

Relutância em ligar e atrapalhar-se com chamadas de vendas acontecem quando você não sabe para quem você está ligando, ou quais são as suas necessidades, e por conseguinte há um medo do desconhecido. Quanto mais você sabe, mais poder você tem.

Sim - Declaração

1. Eu defini meus 5 produtos/serviços top, bem como suas características e benefícios em declarações sociáveis.

2. Eu entendo como o princípio da dor e prazer é usado dentro do processo de venda.
3. Eu desenvolvi uma lista dos problemas primários e desejos de meu mercado alvo e/ou de compradores. (i.e. problemas e soluções que se aplicam à maioria de seus compradores).
4. Eu tenho uma lista das objeções mais comuns e tenho uma estratégia para minimizar ou as eliminar na abertura de uma ligação de vendas ou antes delas surgirem.
5. Eu tenho e uso um documento e um processo de planejamento comprovado de pré-chamada antes de estabelecer um contato com um prospecto ou cliente.

____ **Número de SIM circulados x 2 =** _____ **(10 pts. Max)**

2) Estratégias para administrar suas <u>emoções</u> (i.e. seu estado emocional), desenvolvendo suas <u>metas</u> e <u>sistemas de convicção de realização</u>

As três razões pessoais mais proeminentes para fracasso são: primeiro, não ter razões bastante constrangedoras para ter sucesso quando o as coisas ficam difíceis; segundo, sistemas de convicção limitantes - i.e. "Não funcionará", "Eles não comprarão de mim", "Eu tentei antes e", etc.; e finalmente, a inabilidade para administrar constantemente suas emoções quando debaixo de pressão.

Sim - Declaração
1. Eu estou atento de como eu me sinto quando tenho êxito e que emoções me levam para longe de uma venda.
2. Eu entendo como usar as técnicas baseadas na fisiologia e foco para mudar meu estado emocional imediatamente.
3. Eu estou atento de meu estilo de comportamento (i.e. como eu respondo aos problemas, as pessoas, meu ambiente e regras). Se você não completou que um perfil de Comportamento Baseado em 4-Dimensões, isto será um "nada".
4. Eu tenho um jogo claramente escrito de metas pessoais e profissionais que me excitam e me motivam a ter sucesso.
5. Eu estou atento a minhas convicções limitantes e sei construir referências para as mudar.

____ **Número de SIM circulados x 2 =** _____ **(10 pts. Max)**

3) Estratégias para <u>prospectar</u> efetivamente

Há uma brecha enorme entre artistas de topo, pessoas de vendas sêniors e aqueles que estão abaixo. De acordo com a *Dartnell's 30th Annual Sales Force Compensation Survey* (A 30º Pesquisa Dartnell Anual de Força de Compensação de Vendas) pessoas de vendas sênior (mais de 3 anos de experiência) nos EUA ganham aproximadamente $68,000. A diferença de renda em todos os níveis é um gritante 100%. Onde você está? A diferença fundamental é que aqueles que estão no topo têm múltiplas estratégias de prospectar que são implementadas diariamente.

Sim - Declaração

O Poder da Influência: A Psicologia dos Mestres Persuasivos

1. Eu tenho um plano de prospecção com múltiplos modos para gerar dianteira que eu aplico diariamente.
2. Eu posso adquirir constantemente a atenção positiva dos prospectos e me adaptar a tipos diferentes de prospectos.
3. Eu tenho um manuscrito e/ou uma introdução de telefonema que me provê uma base para alcançar constantemente a realização de meu objetivo inicial em minha primeira ligação
4. Eu tenho um sistema ou programa de software ou banco de dados para arquivar todos os meus prospectos e clientes.
5. Eu unifiquei cartas de vendas e e-mails que eu uso em várias fases do processo de venda para apoiar ou avançar minha venda.

_____ **Número de SIM circulados x 2 =** _____ **(10 pts. Max)**

4) Estratégias para construir rapport & confiança

Um dos maiores enganos negligenciados pelas pessoas de vendas que fica caro é a compreensão de que o comprador passa por vários estados emocionais. Uma vez que você tem a sua atenção; você tem que desenvolver confiança e gosto. Para conectar-se com eles, você tem que responder a pergunta quente do prospecto: "A pessoa de vendas tem meu melhor interesse em mente?" Não há nenhuma venda sem confiança e concordância.

Sim - Declaração

1. Eu exibo o nível apropriado de preocupação/interesse para meu cliente ou prospecto (i.e. Eu sempre posso separar o desejo para fazer a venda do que o cliente realmente precisa).
2. Eu sempre presto minha atenção para o prospecto não divide.
3. Eu entendo e posso reconhecer os modos de comunicação Visual, Auditivo, e Cinestésico.
4. Eu posso adaptar meu volume, tempo e tom de fala para emparelhar o modo primário de comunicação do prospecto.
5. Eu conheço pelo menos 12 modos diferentes para estabelecer concordância com um prospecto.

_____ **Número de SIM circulados x 2 =** _____ **(10 pts. Max)**

5) Estratégias para criar interesse

A chave para este passo da venda é não continuar sua apresentação até que você os tenha famintos para ouvir o que você tem a dizer!

Sim - Declaração

1. Eu desenvolvi declarações sociáveis que estão baseadas nos benefícios de meu produto/serviço e como elas se relacionam com meus clientes/prospectos. (Estas são o que nós chamamos de Unidades de Interesse)

2. Eu posso usar Unidades de Interesse em uma conversação para criar interesse com um prospecto.
3. Eu tenho pelo menos 4 modos para criar interesse ou adquirir atenção além de Unidades de Interesse.
4. Eu posso aplicar as próprias Unidades de Interesse em prospectos diferentes.
5. Eu posso estabelecer credibilidade, e/ou atestar uma razão real para o prospecto para que acredite no que eu reivindico sobre o que meu produto/serviço proverá.

____ Número de SIM circulados x 2 = _____ (10 pts. Max)

6) Estratégias para qualificar os problemas do prospecto, verdadeiras necessidades e regras para consentimento

Para persuadir alguém efetivamente, você tem que saber com quem você está negociando. Você tem que ter um formulário emocional. Este aspecto deve ser preenchido tão depressa quanto possível. É insano fazer uma apresentação sem isto. Se você fizer, você estará abrindo as cortinas e você estará sujeito a beijar uma parede de rejeição. Você faz isto tendo um jogo pré-desenvolvido de perguntas que você faz durante sua chamada de vendas.

Sim - Declaração

1. Eu tenho perguntas para determinar a situação atual e necessidades do prospecto.
2. Eu tenho perguntas para descobrir os problemas, frustração ou dor do prospecto.
3. Eu tenho perguntas para determinar o resultado ou resultados desejados do prospecto.
4. Eu tenho perguntas para determinar quais são os influenciadores para decisão de compra e que tenha a autoridade para tomar a decisão concludente.
5. Eu tenho perguntas para qualificar a habilidade do prospecto para pagar por meu produto/serviço e financeiramente quantificar o potencial de ROI (*Retorno Sobre o Investimento*).

____ Número de SIM circulados x 2 = _____ (10 pts. Max)

7) Estratégias para construir convicção e facilitar compromissos do prospecto que justificará a compra

O propósito inteiro deste passo é convencer o prospecto de que ele está justificando a compra. Você quer apresentar fatos ou características sobre seu produto/serviço para o prospecto em termos dos benefícios dele ou dela de forma que comprar se torna a escolha certa, e conseguir que o cliente empenhe-se a nós com convicção de que estes benefícios são os únicos que eles realmente querem e necessitam.

Sim - Declaração

O Poder da Influência: A Psicologia dos Mestres Persuasivos

1. Eu mantenho constantemente um nível elevado de confiança ao apresentar meu produto/serviço.
2. Eu desenvolvi declarações sociáveis em meus benefícios de produto/serviço (Nós chamamos estas de Unidades de Convicção) e como elas se relacionam com meus clientes/prospectos.
3. Eu posso identificar quais Unidades de Convicção eu usarei baseado nas respostas de meu prospecto.
4. Eu posso usar Unidades de Convicção em uma conversação com um prospecto.
5. Eu entendo e uso Teste de Fechamento durante minha chamada de vendas e toda vez que eu apresento uma Unidade de Convicção.

_____ **Número de SIM circulados x 2 =** _____ **(10 pts. Max)**

8) Estratégias para criar uma experiência que <u>faça os benefícios de seu produto/serviço serem reais</u> ao seu prospecto

Para compelir o prospecto nós precisamos fazer isto real. Nós os queremos vendo, ouvindo, sentindo e experimentando o que nosso produto/serviço vai lhes dar o que eles mais querem.

Sim - Declaração

1. Eu posso reconhecer quando eu construí bastante convicção para mover ao fechamento.
2. Eu entendo como criar e experimentar meu produto/serviço por declarações e perguntas.
3. Eu entendo como criar uma experiência de meu produto/serviço sistematicamente por "pintar um quadro" ou contando uma história.
4. Eu sou conceptualmente e conversacionalmente capaz de assumir a venda.
5. Se o comprador não estiver pronto para tomar uma decisão, requer uma proposta, um siga adiante com a apresentação, etc. Eu sou capaz de assumir/obter o compromisso para o próximo passo.

_____ **Número de SIM circulados x 2 =** _____ **(10 pts. Max)**

9) Estratégias para <u>converter objetivos</u> em compromissos

O que é uma objeção? Uma objeção é uma oportunidade para saber o que está na mente do cliente. É uma oportunidade para entender as convicções e temores que dirigem esta pessoa. É uma oportunidade para fechar a venda estabelecendo um novo foco. Pense nas objeções como perguntas disfarçadas.

Sim - Declaração

1. Eu entendo que há cinco tipos de objeções.
2. Eu sou hábil em eliminar a maioria objeções comuns por expor estrategicamente & elegantemente desde o princípio da venda.
3. Eu entendo como validar as "reais objeções" antes de avançar.

4. Eu sei alinhar especificamente com o prospecto de forma que eles sintam que eu entendo as suas preocupações.
5. Eu sei transformar a objeção em uma pergunta e sei as oito perguntas de objeções de modo que possam ser respondidas antes de mover-me ao fechamento.

_____ **Número de SIM circulados x 2 =** _____ **(10 pts. Max)**

10) Estratégias para administrar a conta e a relação futura

Sim - Declaração

1. Eu peço constantemente indicações de meus clientes.
2. Eu lhes envio cartões de agradecimento depois de chamadas de vendas ou reuniões.
3. Eu provejo ou envio coisas de valor a meus clientes.
4. Eu tenho certeza que eu tenho um sistema que me permite ficar em contato com meus clientes em uma base regular.
5. Eu mantenho e atualizo regularmente um arquivo ou banco de dados de todos os meus clientes.

_____ **Número de SIM circulados x 2 =** _____ **(10 pts. Max)**

Contagem Total

Máximo de 100 pontos

QUADRO DE PROGRESSO

Nº	1	2	3	4	5	6	7	8	9	10
10										
9										
8										
7										
6										
5										
4										
3										
2										
1										
Nº	1	2	3	4	5	6	7	8	9	10

Seu escore / *Sua questão*

Pinte nas caixas de baixo para cima conforme você obtém os pontos do Checklist de 100 pontos.

Exemplo: *Escore 4 para 1. Estratégias para Preparação, Escore de 2 para 2. Estratégias para Administrar...*

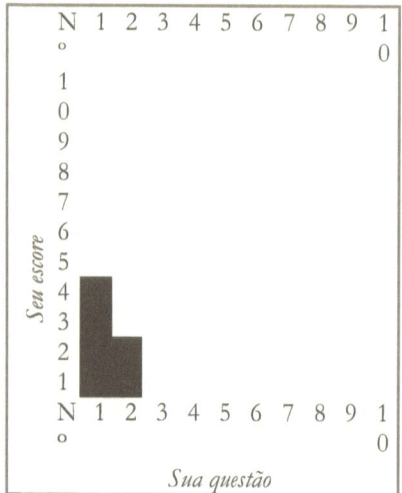

Checklist de Autogestão & Auto-Desenvolvimento de Vendas

1. Estratégias para *preparação*
2. Estratégias para administrar suas *emoções* (i.e. seu estado emocional), desenvolvendo suas *metas e sistema de convicção de realização*
3. Estratégias para *prospectar* efetivamente.
4. Estratégias para construir *rapport & confiança*
5. Estratégias para criar *interesse*
6. Estratégias para *qualificar* os problemas do prospecto, as verdadeiras necessidades e as regras para consentimento
7. Estratégias para construir *convicção e facilitar compromissos* do prospecto que justificará a compra
8. Estratégias para criar uma experiência que *faça os benefícios de seu produto/serviço sejam reais* para seu prospecto
9. Estratégias para *converter objetivos* em compromissos
10. Estratégias para *administrar a conta e a relação futura*

Este exercício foi projetado para lhe ajudar a desenvolver todos os seus potenciais de vendas e de desenvolvimento empresarial. Se você quer dar um salto quântico e começar a melhorar estas habilidades, continue sua leitura...

PARTE I: UMA FUNDAÇÃO PARA O SUCESSO!

O PODER DA INFLUÊNCIA: A PSICOLOGIA DOS MESTRES PERSUASIVOS

Sessão 1 - Compromisso Para Excelência!

Você tentou fazer mudanças em sua vida e falhou? Você tentou fazer as coisas acontecer e então não levou a cabo? Você aprendeu uma nova habilidade de vendas e então não a aplicou? Você tem gasto dinheiro e tempo no passado e não pode produzir os resultados que você verdadeiramente quis até mesmo depois do investimento? Nesse caso, por que não? O que está lhe segurado? Por que o fez não levar a cabo? A resposta, eu acredito, é que você estava interessado em adquirir esses resultados, mas você não estava absolutamente comprometido. Há uma diferença enorme entre interesse e compromisso.

O propósito desta sessão é lhe oferecer a oportunidade para levar o que é absolutamente mais importante como primeiro passo para fazer uma decisão para se comprometer a fazer tudo o que leva a dominar este material. Você tem que solucionar ou tem que cortar qualquer possibilidade diferente do domínio. Qualquer coisa menos que isto lhe dará resultados medianos; e para você que comprometeu seu tempo, energia e capital neste momento, você não é obviamente uma pessoa comum.

Persuasão é o poder para moldar o destino. É uma oportunidade para alterar a qualidade de vida para você e todos aqueles com os quais você entra em contato. Uma oportunidade para se divertir e aprender a se excitar quando as pessoas dizem "NÃO" para você. Influência é um dos principais estudos da vida. A razão da maioria das pessoas falharem na vida é por elas focarem em coisas secundárias.

Modelar é o modo para aprender por EOP, as **E**xperiências das **O**utras **P**essoas, em vez de apenas por si próprio. Pode lhe economizar anos e pode lhe mostrar exatamente o que fazer para ter constantemente sucesso. Este programa é o resultado da modelagem de alguns dos maiores profissionais de vendas dos Estados Unidos.

A vida muda em um momento quando nós tomamos a decisão e nos comprometemos absolutamente para fazer tudo o que leva a ter sucesso.

Para influenciar as outras pessoas, nós devemos poder primeiro nos influenciar.

Se você tiver que cercar duro no fim, significa que você **NÃO FEZ SEU TRABALHO AVANÇAR**. Venda profissional é ir de um lugar onde seu foco número um está ajudando aquele comprador ou cliente a adquirir o que **ELES REALMENTE PRECISAM**.

Necessitamos olhar **FUNDO PARA AS NECESSIDADES** do cliente. Oitenta por cento do sucesso e influência está em ter um **por que** grande o bastante – vinte por cento está em saber fazer algo.

Repetição é a mãe da habilidade.

OS CINCO PASSOS PARA O DOMÍNIO:

Há cinco passos a serem dominados:
1. **Impacto** – este livro lhe mostrará o que é possível, o provocará a ir mais.
2. **Repetição** – é a mãe da habilidade. Comprometa-se durante os próximos 30 dias em gastar 15 minutos por noite para revisar suas notas de cada uma das sessões deste livro.
3. **Utilização** – pegue uma habilidade e a utilize continuamente ao longo do dia.
4. **Integração** – acontecerá automaticamente.
5. **Reforço** – use suas anotações durante a revisão e uma noite por semana durante os próximos seis meses leia este livro novamente.

Estes cinco passos irão fazer com que você suba cada um dos degraus da escada de Competência. Indo da Incompetência Inconsciente para a Competência Consciente.

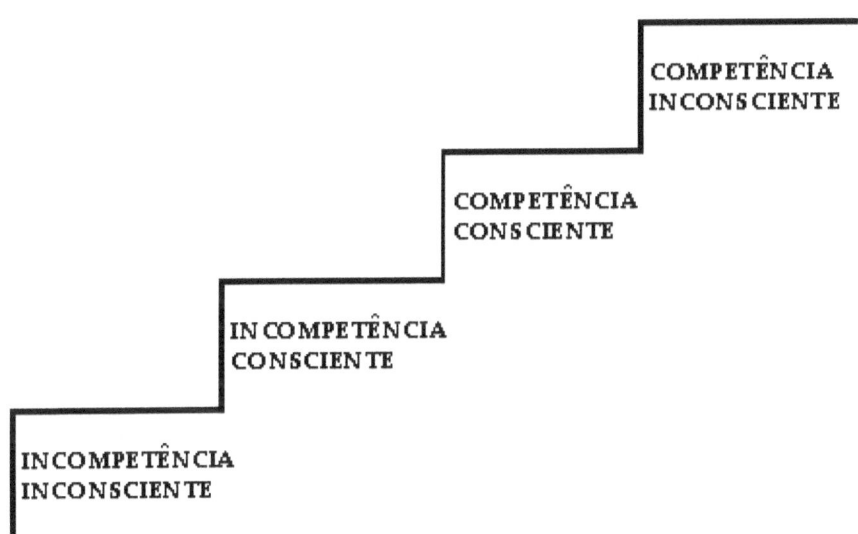

Há tremendo poder no **COMPROMISSO**. O poder está em se comprometer com o **DOMÍNIO**. A diferença entre profissionais de vendas que ganham um quarto de um milhão de dólares ou mais e profissionais de vendas em sobrevivência é:

I. Eles têm RAZÕES MUITO COMPELIDAS.

Se você não estiver atingindo seu potencial pleno, você não é preguiçoso, você simplesmente tem metas IMPOTENTES.

O Poder da Influência: A Psicologia dos Mestres Persuasivos

A principal razão que a maioria dos profissionais de vendas acabam lutando é que eles não têm RAZÕES PODEROSAS O BASTANTE para utilizar todas as suas habilidades.

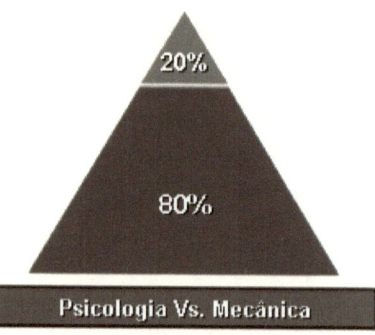

Oitenta por cento do sucesso em vendas e influência está em achar um POR QUE grande o bastante. Vinte por cento da efetividade em vendas é saber COMO. O "por que" vem primeiro – o "como" vem depois. Se você pode achar um **"por que"** grande o bastante, você sempre pode entender o COMO.

O denominador número um, comum entre todos os maiores produtores é que eles são COMPELIDOS para ser o melhor e eles têm muitas RAZÕES.

II. O segundo elemento chave que todos os maiores persuasores de topo têm é em comum eles têm SISTEMAS DE CONVICÇÃO que os autorizam.

Tudo o que nós acreditamos nós tornamos verdadeiro. Tudo o que você acredita que você pode ou que você acredita que você não pode, VOCÊ ESTÁ CERTO!

Toda convicção é um sentimento de CERTEZA sobre o que algo significa. As capacidades dos seres humanos estão relacionadas diretamente às suas CONVICÇÕES.

As principais mudanças acontecem quando você muda suas CONVICÇÕES sobre o que você é capaz, o que o prospecto merece, o que seu produto é, e a relação entre compromisso, energia e resultados.

Influenciar a SI MESMO é 80% do sucesso em vendas. Uma vez que você se influencia, influenciar o cliente é FÁCIL. Toda a venda é uma transferência de EMOÇÃO.

Se você se sente absolutamente certo que você conhece seu cliente e eles confiam em você, e sabe as suas necessidades, você pode influenciar virtualmente QUALQUER UM.

III. O terceiro elemento, as dez estratégias que os profissionais de vendas mais próspero têm em comum:

A maioria dos profissionais de vendas acredita que a conclusão é a chave do sucesso em vendas. Este é o maior mal-entendido em vendas. Cercar duramente o fechamento nunca compensara uma falta de desejo por parte do comprador para comprar seu produto. 80% do sucesso em vendas está em achar um "Por que" vender grande o bastante. Como vender, é fácil. Por que vender a alguém é o real poder. A diferença entre os maiores profissionais de vendas e profissionais que sobrevivem de vendas é:

Ter razões suficientes para se compelir a dar constantemente o melhor. Ter um sistema de convicções energizantes que os faça fazer mais das suas vidas em qualquer situação.

Se influenciar é 80% do sucesso de vendas. Influenciar o cliente é apenas 20%. Uma vez que você acreditar com certeza absoluta, você pode transferir aquele sentimento aos outros.

As dez estratégias que os profissionais de vendas mais próspero têm em comum são:

1. Estratégias por administrar **seu estado**.
2. Estratégias por administrar o **estado de seu prospecto**.
3. Estratégias para **preparação**.
4. Estratégias para **prospectar** efetivamente.
5. Estratégias para construir **confiança**.
6. Estratégias para **criar interesse**.
7. Estratégias para **qualificar** as verdadeiras necessidades e regras do prospecto para obtenção.
8. Estratégias para dar ao prospecto a **experiência** e a **prova** que ele/ela precisa para justificar a compra.
9. Estratégias para **fechamento** e obter **compromisso**.
10. Estratégias para **abotoar a venda** e criar **alavancas de vendas**.

5 PERGUNTAS PARA INTEGRAÇÃO E DOMÍNIO

As distinções mais importantes que eu preciso me lembrar desta sessão são:

_____
_____
_____
_____
_____
_____

Eu posso e usarei as distinções, estratégias, ou ferramentas em meu negócio das seguintes maneiras:

_____
_____

O Poder da Influência: A Psicologia dos Mestres Persuasivos

_____
_____
_____
_____

Eu posso e usarei o que eu aprendi nesta sessão em minha vida pessoal por:
_____
_____
_____
_____
_____

Durante pelo menos os próximos 7 dias eu me comprometerei com:
_____
_____
_____
_____
_____
_____
_____

A razão pela qual eu me comprometo a isto é porque me dará ou criará:
_____
_____
_____
_____
_____
_____
_____

Influenciar e persuadir os outros para se tornarem pessoas melhores e ter uma vida melhor são o foco de todo profissional de vendas mais poderoso. A transferência do seu produto no processo é simplesmente a parte mensuradora da profundidade de impacto do sistema a qual você esteve usando na vida de outra pessoa.

PALAVRAS-CHAVES E PONTOS DE GATILHOS

- Persuasão é o poder para **moldar o destino**.
- **Repetição** é a mãe da habilidade.
- Se influenciando é **80%** do sucesso em vendas.
- Influenciar o prospecto é apenas **20%.**

> *"Ir além do pedido do dever, fazer mais do que outros esperam – isto é que é a excelência em toda parte."*
>
> *- Anônimo*

> *"Faça mais do que é suposto que você faz e você terá ou será ou fará qualquer coisa que você queira."*
>
> *- Bill Sands*

Sessão 2 - A Ciência da Persuasão: Por Que Nós Compramos!

A maioria dos profissionais de vendas acredita que o processo de vender é acabar fechando com as pessoas. Eles tentam freqüentemente empurrar os clientes a tomar decisões que eles não estão totalmente confortáveis para criar a venda. Estas técnicas podem ter sido efetivas no passado, mas nós estamos agora no início de um novo século. Hoje e cada vez mais nós vamos lidar com um cliente muito mais sofisticado - um que é melhor educado, tem melhores escolhas e mais escolhas do que já tiveram antes; o tipo de pessoa que não agüenta mais ser empurrado as voltas. Além disso, esta forma de vender é estressante e cria baixa auto-estima para o vendedor que usa isto. A pressão é o que consegue que as pessoas comprem. Porém, o vendedor profissional sabe que a pressão é criada no prospecto na forma de desejo e que o desejo é muito mais poderoso que a pressão aplicada de fora pelas demandas de um vendedor.

O propósito da Sessão 2 é lhe dar a avaliação do que realmente faz as pessoas comprarem contra o que você e eu fomos programados a acreditar. O vendedor de hoje é claramente diferente do vendedor de pressão do passado. O vendedor profissional focaliza no cliente e desejos primeiro, último e sempre. O vendedor de pressão focaliza nele/nela.

A *Madison Avenue* e os criadores de comerciais que cobram bilhões de dólares por ano e aqueles que influenciam nossas vidas em quase todos os níveis: o que nós comemos, o que nós bebemos, o que nós compramos para aliviar nossa dor, o que nós usamos, onde nós vamos. Estes poderosos persuasores motivam e normalmente nos influenciam em menos de um minuto. Vender é o processo de motivação e acontece em um momento. Se você conseguir que as pessoas queiram algo o bastante, elas acharão um modo para justificar isto. As pessoas não compram o que elas precisam, eles compram o que elas querem. Você pode precisar perder peso, mas você não vai até que você queira isto o bastante, e você adquire bastante justificativa para se apoiar. Mas as forças gêmeas da motivação por trás de todo o comportamento humano são as necessidades para evitar a dor e o desejo de ter novamente o prazer. O melhor estudo de vida é como isto funciona... as pessoas farão mais para evitar a dor do que elas jamais farão para obter prazer. Assim nós temos que vender conseqüências para sermos efetivos. Há conseqüências positivas – as pessoas obtêm prazer comprando nosso produto. Há conseqüências negativas que acontecem – a perda que eles terão se eles não comprarem. Nós podemos conseguir elegantemente que as pessoas nos digam quais são as coisas que elas perderão – as conseqüências negativas de não comprar. Mas a fórmula mestre para persuasão efetiva é simples. Nós temos que fazer com que o prospecto associe a ação de comprar a criar para ele/ela tremendo prazer. A ação de não comprar nosso produto deve ser associada agora a criar dor na vida dele/dela, i.e., perda ou omitir o prazer.

Mas se uma pessoa não comprar é porque elas associaram mais dor com o comprar do que não comprar. Novamente para ser um persuasor efetivo você tem que vender as conseqüências. As pessoas tomam decisões fundadas nas suas convicções das conseqüências dessas decisões. Elas não compram para adquirir um produto, elas compram para adquirir o que elas pensam que um produto as dará ou o que elas podem evitar tendo aquele produto.

As perguntas chave que um prospecto faz freqüentemente em sua mente sobre você e seu produto são:

- Você realmente tem os melhores interesses deles/delas em mente?
- Eles podem confiar em você?
- que é este artigo, realmente?
- que há nisto para mim?

Uma das partes mais importantes do processo de vender é descobrir as necessidades e valores do prospecto. O elemento mais importante para motivar alguém para comprar é que eles devem ser descontentados com o modo como são as coisas. Vender é o processo de achar dor em alguém (i.e., um desejo não realizado) e incitar os sentimentos emocionais que uma pessoa tem sobre não ter aquele desejo encontrado.

As pessoas não compram necessidades, eles compram **DESEJOS**. Vender é o processo de **MOTIVAÇÃO**. Quanto tempo leva realmente para influenciar as pessoas? O processo de influência acontece em um **MOMENTO**.

Dois elementos para venda efetiva:
1. Você tem que construir tremendo **DESEJO** no cliente.
2. Se você conseguir que as pessoas queiram muito algo, elas acharão um modo para **JUSTIFICAR ISTO**.

As forças gêmeas da motivação atrás de todo o comportamento humano são a necessidade para evitar a **DOR** e o desejo de obter **PRAZER**. As pessoas têm que associar a ação de comprar a criar tremendo prazer e a ação de não comprar a criar dor. Essa é a fórmula mestre para a persuasão.

As pessoas farão mais para **EVITAR** dor do que elas farão para obter prazer. Você e eu como profissionais de vendas, como persuasores, temos que vender **CONSEQÜÊNCIAS**.

Os prospectos vão ter algumas perguntas:

- Você realmente tem o seu **MELHOR INTERESSE** em mente?
- Eles podem **CONFIAR** em você?
- "O que é isto? O que há nisto para mim?" **SIGNIFICADO** é algo que é aprendido.

Uma parte importante do processo de vendas está em descobrir as **CONVICÇÕES** e **VALORES** de um prospecto.

Você tem que **MUDAR** quilo que as pessoas se associam para mudar o comportamento delas.

O Poder da Influência: A Psicologia dos Mestres Persuasivos

Se uma pessoa **não compra** é por que ela associa mais **DOR** ao comprar do que para não comprar. Se uma pessoa **comprar**, é porque ela associa mais **PRAZER** ao comprar do que ao não comprar.

Para motivar alguém você tem que ir a um ponto onde eles estão **INSATISFEITOS** com o modo como as coisas são.

Vender é o processo de:

1. Ache a **DOR** de uma pessoa.
2. As **PERTURBAR**, incitando aquela dor, os fazendo sentir a lesão.
3. Os **CURAR** com um novo jogo de escolhas, normalmente na forma de seu produto ou serviço.

As pessoas fazem coisas por razões **EMOCIONAIS** e justificam isto com **LÓGICA**. Se alguém estiver sentindo dor, ela estará **INCENTIVADA**.

A venda efetiva foi modelada depois da história *Um Conto de Natal*. Venda efetiva é o que chamamos de **Padrão Dickens**.

1. **Descubra a lesão** do prospecto, o desejo profundo deles/delas ou interesse não realizado.
2. **Incite**. Incite a emoção que eles sentem sobre não ter isto. **Os perturbe**. (Mostre ou faça perguntas a ele/ela que façam o prospecto focalizam na dor de não ter o interesse dele/dela encontrado e as conseqüências disso.
3. **Mostre-lhe como resolver ou eliminar a dor e criar prazer** pelo uso de seu produto ou serviço.

Um prospecto imperturbado não comprará. Para fechar uma venda um prospecto tem que acreditar que:

- Eles têm um problema ou um interesse não realizado que eles desejam fortemente.
- O problema é sério e deve ser resolvido agora.
- Seu produto realmente resolverá o problema deles/delas.

Vender é como o padrão Dickens:

Descubra tanto quanto possível sobre o cliente descobrindo um **PROBLEMA**, uma lesão, algo que elas resolver isto usando **SEU** produto ou serviço. **Um prospecto IMPERTURBADO não comprará.**

Se você tem que trabalhar duramente para realizar o fechamento é porque você não as **MOTIVOU** o bastante, você não criou bastante **DESEJO**.

Persuasão é o processo de pegar seu cliente e **CLARAMENTE ASSOCIÁ-LA** ao seu maior desejo em sentimentos ou estados a seu produto ou serviço.

A segunda parte da Persuasão é conseguir que o cliente associe **DOR** ao **não** comprar. Se alguém estiver na extremidade, crie mais uma pequena FERIDA e isso criará mais desejo.

REPCA – RAZÕES EMOCIONAIS PARA COMPRAR AGORA

Se isso não for o bastante você tem que acrescentar

RLPCA – RAZÕES LÓGICAS PARA COMPRAR AGORA

Para fazer alguém comprar, você precisa de muito DESEJO OU LESÃO.

É difícil tentar fechar com alguém sem muita LESÃO OU DESEJO.

A chave para se lembrar é que clientes diferentes têm desejos diferentes. Há lances diferentes para culturas diferentes. As pessoas têm associações diferentes sobre o que as coisas significam para eles. Eles freqüentemente criam com antecedência nas suas mentes quais serão as consequências de fazer uma compra ou entrar em ação. Por exemplo, algumas pessoas associam instantaneamente a profissionais de vendas, com alguém que quer "levar vantagem". Assim, o processo de vender está em mudar o que eles mais querem para comprar seu produto, e/ou o que eles associam a ter a habilidade para evitar as coisas que eles menos querem experimentar comprando seu produto ou serviço. Isto é por que você precisa entrar as cabeças deles/delas e entender como eles pensam.

Se você tiver dificuldades em fechar com alguém ao término da apresentação, seu cliente não une mais prazer a comprar do que ao não comprar; você não fez seu trabalho avançar. **Assim o que é persuasão?** Persuasão é o processo de fazer claramente com que seu cliente associe os seus maiores desejos, sentimentos ou estados a seu produto ou serviço e associe o não comprar o seu produto/serviço com dor e perda.

As pessoas fazem coisas por razões emocionais e justificam com lógica. Tomar uma decisão é o processo de avaliação ou de pesar. Nós comparamos e contrastamos nossos medos sobre as consequências de comprar com nossas razões emocionais e lógicas para comprar agora. Os medos sobre as consequências de comprar podem incluir perda de capital, "não funcionará", perda

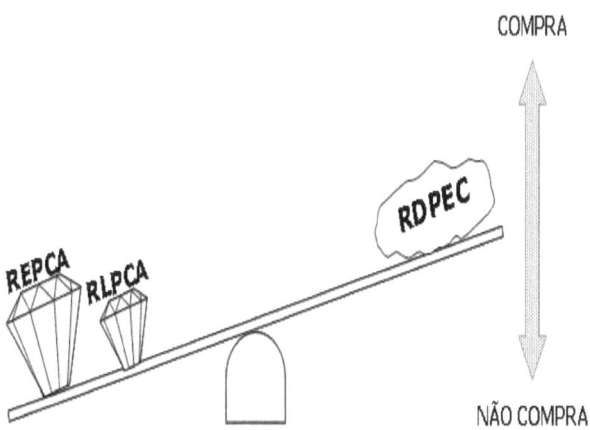

de respeito dos outros por tomar uma decisão pobre, inconveniência e decepção. As razões emocionais para comprar agora incluiriam nossos desejos, nossas faltas, e nosso desejo para evitar lesões. Nossas razões lógicas para comprar são modos para nos ajudar a justificar a ação tomada. Quando as pessoas pensam em um produto nós temos que ter certeza que eles tenham maiores e mais constrangedoras REPCA (Razão Emocional Para Comprar Agora) e RLPCA (Razões Lógicas Para Comprar Agora) muito mais do que eles têm RDPEC (Razões Dominantes Para Evitar Comprar). Se uma pessoa não está comprando é porque o RDPEC dela é mais constrangedor que o REPCA e RLPCA dela.

Em outras palavras, para mudar o comportamento das pessoas, nós temos que mudar o que elas associam ao comprar. Se nós quisermos que alguém compre, nós temos que fazer claramente com que se associe aos sentimentos que eles precisam ou mais querem de nosso produto, e nós temos que fazer isto compelindo-os. Reciprocamente, você tem que conseguir que o cliente associe o não comprando com dor (i.e., oportunidade perdida, algo que eu não tenho, etc.).

Para que cliente compre você **DEVE** ter um grande repertório de quereres/dor (REPCA/Desejo e RLPCA/Justificativa);

- Chave 1, se eles não tiverem bastante desejo, então **amplie a lesão**.
- Chave 2, se eles não tiverem bastante justificativa, **proveja mais justificativa**.

Resumo

- VENDER É **MOTIVAÇÃO**.
- PESSOAS NÃO COMPRAM PRODUTOS, ELAS COMPRAM ESTADOS.
- QUALQUER COISA A QUAL UMA PESSOA SE ASSOCIA IRÁ DETERMINAR O SEU COMPORTAMENTO.
- PROCESSO DE VENDA:
    1. CARREGUE, ACHE BASTANTE **EMOÇÕES, RAZÕES**.
    2. INCITE, FAÇA **REAL**.

GLOSSÁRIO

- **REPCA -** Razões Emocionais Para Comprar Agora (elementos que criam razões emocionais, que criam um senso de urgência para comprar agora).
- **RLPCA -** Razões Lógicas Para Comprar Agora (informação para usar isso que justifique o fazer agora uma compra).
- **RDPEC -** Razão Dominante Para Evitar Comprar (o medo de fazer uma compra pode levar a dor, i.e., perda ou outras conseqüências negativas; a fonte das objeções).

As pessoas precisam de muitas razões emocionais para comprar agora que as compelem o suficiente para lhes dar um senso de urgência, e muitas razões lógicas para justificar comprar agora. As pessoas compram pelas razões delas, não suas. Tenha certeza de tentar motivar alguém por descobrir o REPCA e RLPCA delas e não lhes venda seu REPCA e RLPCA.

Para criar mais REPCA faça perguntas para identificar a lesão. Lembre-se, o trabalho de um vendedor é ajudar as pessoas a curar feridas emocionais. **As pessoas não compram produtos, elas compram estados.**

Toda vez que você vende, você tem que vender às necessidades emocionais deste prospecto particular, e para o sistema específico lógica e justificativa deles.

5 PERGUNTAS PARA INTEGRAÇÃO E DOMÍNIO

As distinções mais importantes que eu preciso me lembrar desta sessão são:

_____
_____
_____
_____
_____
_____

Eu posso e usarei as distinções, estratégias, ou ferramentas em meu negócio das seguintes maneiras:

_____
_____
_____
_____
_____
_____
_____
_____
_____

O Poder da Influência: A Psicologia dos Mestres Persuasivos

Eu posso e usarei o que eu aprendi nesta sessão em minha vida pessoal por:

_____
_____
_____
_____
_____
_____
_____

Durante pelo menos os próximos 7 dias eu me comprometerei com:

_____
_____
_____
_____
_____
_____
_____

A razão pela qual eu me comprometo a isto é porque me dará ou criará:

_____
_____
_____
_____
_____
_____
_____
_____
_____
_____
_____

Charton Baggio Scheneider

PALAVRAS-CHAVES E PONTOS DE GATILHOS

- Comerciais e como eles realmente vendem.
- Vender é ferir alguém e negócio é curar.
- O que nos faz fazer qualquer coisa?
- Quais são as duas forças motivacionais por trás de todo o comportamento humano?
- Modos diferentes para povos diferentes.
- As pessoas não compram necessidades, eles compram desejos.
- REPCA, RLPCA, RDPEC.

Há apenas um modo... conseguir com que qualquer pessoa faça qualquer coisa E isso está em fazer com que a outra pessoa queira fazer isto."

- Dale Carnegie

"Influenciar e persuadir para ter uma qualidade de vida melhor são o foco de todo o profissionais de vendas realmente poderoso. A transferência do seu produto no processo simplesmente faz parte do sistema de medir a profundidade do impacto que você esteve usando na vida de outra pessoa."

- Anthony Robbins

Sessão 3 - As 9 Ferramentas MestredDa Influência

Há muitas concepções errôneas no campo das vendas hoje sobre o que de fato influencia as pessoas. 95% dos treinamentos de vendas focalizam no que dizer para persuadir o prospecto. Na realidade, os mais recentes estudos mostram que 7% do que influencia alguém em uma comunicação com outro ser humano são palavras. 38% do que os influencia são os elementos de sua voz ou qualidades da voz. 55% do que os influencia é o modo como você usa sua fisiologia: sua postura, seu padrão de respiração, suas expressões faciais, etc.

O propósito desta seção é compartilhar com você as ferramentas mais importantes de influência que você tem e ampliar sua visão do processo da Persuasão de forma que você possa constantemente utilizar mais de suas habilidades e possa produzir o nível de resultados que você verdadeiramente deseja e merece.

SETE PASSOS PARA EXCELÊNCIA EM VENDAS

1. Fixe o **palco** em sua própria mente e na mente do prospecto.
2. **Controle** a situação. Se você não controlar a situação no começo da negociação, você nunca poderá controlá-la no final.
3. Você precisa de **continuidade** para ter poder. Saiba exatamente o que dizer, como dizer, e quando dizer isto, assim você pode concentrar em seu impacto e criar impulso.
4. Obtenha **compromissos** – a base da influência. Sim, sim, sim, sim. Quando as pessoas fazem compromissos elas experimentam pressão para ficar com qualquer posto que eles conseguiram.
5. **Entusiasmo** – isto é contagioso. Tem o poder para transformar. Entusiasmo vem da raiz grega *"en theos"* – o que significa "semelhante a deus".
6. **Sinceridade** – se preocupar sinceramente vende. Se as pessoas não sentem que você se preocupa com elas, você tem pouco ou nenhum poder para os influenciar.
7. **Fechamento – POD.** Pegue o Dinheiro. Você tem que pedir o dinheiro.

Uma venda sempre é consumada. Ou você os vende um benefício que eles possam criar na vida deles com as novas possibilidades, ou eles o vendem nas limitações deles. Se você os vende, ambos ganham. Se eles lhe vendem, ambos perdem.

Charton Baggio Scheneider

AS NOVE FERRAMENTAS MESTRE DA INFLUÊNCIA

A primeira Ferramenta Mestre da Influência é **RAPPORT**.

As pessoas têm que sentir que você se preocupa com elas, que você tem os interesses delas em mente, que você é como elas.

Ameaças podem persuadir alguém por um curto prazo, mas uma relação de rapport normalmente é requerida para influência a longo prazo.

Como você adquire aquela conexão inicial?

Dez modos para criar uma conversação confortável com as pessoas:

1. Exponha um **interesse** mútuo.
2. Lhes dê um **presente**. Imediatamente você terá rapport invocando reciprocidade.
3. Lhes dê uma **indicação**.
4. Às vezes você adquire rapport **insultando** alguém.
5. Lhes conte uma **história**.
6. Lhes dê uma **amostra** de algo.
7. Lhes dê um **elogio**.
8. Se **assuste**. Faça uma declaração surpreendente.
9. Lhes dê um bom **serviço**.
10. Simplesmente **escute** as pessoas.

Rapport é o poder de se **ALINHAR** com as pessoas e as **CONDUZIR** em uma direção que você quer ir (acompanhar e conduzir).

A segunda Ferramenta Mestre da Influência é **PERGUNTAS DE QUALIDADE**.

Perguntas são a ferramenta primária da influência. Elas nos oferecem a oportunidade para descobrir a verdadeira motivação e convicções do prospecto. Elas nos deixam descobrir como eles tomam decisões. Algumas das perguntas melhores são as Perguntas do Teste de Fechamento. Perguntas do Teste de Fechamento faz o cliente dar a sua opinião das coisas: "Em sua opinião, se você fosse prosseguir com isto, você quereria isto azul ou verde?" "Em sua opinião, isso lhe faz sentir que isto pode ser algo que seja útil para sua companhia?" Perguntas de Qualidade oferecem uma oportunidade para testar o barômetro do desejo interno do prospecto.

As perguntas nos ajudam a achar as razões das pessoas para comprar. Lembre-se, eles compram pelas razões deles, não pelas suas.

As perguntas podem:

- Descobrir o que realmente está entrando em nas cabeças deles.
- Descobrir quais são as reais motivações deles.
- Descobrir as convicções deles.

O Poder da Influência: A Psicologia dos Mestres Persuasivos

- Testar o fechamento.
- Acabar com a pressão.
- Mostrar realmente que você se preocupa.
- Construir rapport.
- Induzir reciprocidade.
- Pôr as pessoas no estado.
- Superar as objeções.
- Acabar com as objeções.

As **perguntas** são a única e mais poderosa ferramenta que você tem para influenciar as pessoas. Quando você faz uma pergunta você assume o controle e focaliza a mente dele. Se você fizer perguntas emocionais, você faz uma pessoa entrar em um estado emocional. É crítico para você como um persuasor profissional ser capaz de pôr seu prospecto em qualquer estado que você deseje baseado em suas metas para lhe influenciar a tempo naquele momento. As pessoas não revelam as coisas que as influenciam, assim você tem que conseguir um meio de como conseguir que eles lhe digam.

Quero lhe apresentar um exercício ao qual necessita ocupar algum tempo e desenvolver dois jogos poderosos de perguntas que você possa utilizar para pôr seus clientes nos estados ideais que você precisa.

Primeiro, desenvolva uma lista do que eu chamo de **perguntas de recurso**: isto é, perguntas que põe imediatamente seu prospecto em um estado emocional muito positivo. Perguntas como: "Pelo que você é mais feliz em sua vida?" ou "Pelo que você poderia estar feliz agora sobre sua vida?" ou "Pelo que você está excitado?" ou "Eu estou curioso, pelo que você está realmente orgulhoso em sua vida?" ou "Qual foi o seu maior sucesso?" ou "Você alguma vez viu um de seus empregados fazer algo que realmente o fez se orgulhar deles e lhe fez sentir-se grande por dentro porque você gostou de saber que você tinha contribuído o sucesso deles?"

A chave para estas perguntas é – Uma vez que **alguém está em um estado** assim, no momento que eles estão se sentindo bem, **você então fala** sobre seu próprio **produto**. Você os faz se sentir bem e fala sobre seu produto. Você faz perguntas e lhes faz novamente se sentirem bem e você fala sobre seu produto. Brevemente os bons estados nos quais eles estão começarão a ser **associados** a seu produto, de forma que quando eles pensam em seu produto eles sentirão esses sentimentos. Eles unirão esses sentimentos positivos ao seu produto. Isto pode não soar lógico, mas é a ciência de como nossas mentes funcionam. Se você tiver uma lista de perguntas muito positivas, você pode levar um prospecto até mesmo de um estado negativo ou estado deprimido onde eles não queiram ouvir sua mensagem (ou qualquer outra coisa quanto ao assunto) e você pode os pôr em um grande estado. Isto os fará gostar mais e querer negociar mais com você.

Faça agora uma lista de pelo menos 5 perguntas energizantes que você poderia perguntar e as discuta com seu grupo.

Vender não só é extremamente importante controlar o estado do prospecto, mas poder mostrar para ele que ele têm um problema e você tem uma solução para isto. Uma pessoa não só tem que saber que ela tem um problema, mas ela tem que sentir como se fosse doloroso o bastante para que ela sinta uma necessidade urgente para mudar ou resolver aquele problema agora.

As pessoas precisam de um senso de urgência para tomar decisões. Se um prospecto não for incitado emocionalmente sobre o seu problema, se ele não sentir dor disto, ele raramente mudara. Então é crítico para você poder descobrir as necessidades profundas de uma pessoa ou o que chamamos de **"feridas"**. Qual é uma ferida emocional que eles têm que você pode curar por seu produto?

Ter uma lista de **perguntas** poder lhe ajudar a abrir as reais necessidades das pessoas, as reais feridas delas, e conseguir que eles tenham sentimentos fortes sobre elas e os fazer querer mudar – este pode ser o jogo mais importante de habilidades que você pode ter como um vendedor.

Agora mesmo, escreva abaixo 5 perguntas de ferida que você pode usar para abrir as necessidades de uma pessoa por seu negócio. Se você precisar de qualquer ajuda, pergunte a seu facilitador.

A terceira Ferramenta de Mestre de Influência é a **CONGRUÊNCIA**.

O Poder da Influência: A Psicologia dos Mestres Persuasivos

Você é congruente quando o que você diz para verbalmente e não-verbalmente combinam. Incongruência é quando você sente (ou as pessoas percebem) que o que você está dizendo e o que você está sentindo internamente não é unificado. Uma coisa é dizer e outra é sentir, este é o modo mais rápido para perder uma venda.

Lembre-se, **as pessoas compram por razões emocionais.**

Para tomar uma decisão emocional, elas precisam sentir certeza de que o que você está dizendo é verdade.

Congruência é a habilidade para projetar certeza absoluta de que o que você está dizendo é preciso em voz, palavras e corpo. Congruência vem de você acreditar em seu produto. Congruência deve ser mantida e deve ser construída diariamente, caso contrário a lei de familiaridade entra em jogo.

A lei de estados de familiaridade diz que se você estiver ao redor de qualquer coisa tempo o suficiente você pegará um pouco disto para conceder.

Congruência quer dizer que a pessoa vive o que ela diz espelhando verbalmente e não-verbalmente.

Congruência vem de **SENTIR CERTEZA** sobre o que você está dizendo.

Congruência deve ser **MANTIDA DIARIAMENTE**, caso contrário a lei da familiaridade irá assumir. A lei do estado de familiaridade – se você estiver muito em volta de qualquer coisa por um longo tempo você assume isto para garantia.

A pessoa que sente mais certeza será a pessoa que **MAIS INFLUENCIARÁ**.

A quarta Ferramenta Mestre da Influência é ANCORAR.

Ancorar é o que a venda é em toda parte. Uma âncora é simplesmente um meio ao qual uma pessoa aprendeu a associar um certo sentimento ou significando a algo específico. A bandeira brasileira é uma âncora visual – nós aprendemos a associar sentimentos definidos àquele jogo de cores e formas. "Carlton um raro prazer" é um exemplo de uma âncora audível, um jogo de sons que nós aprendemos a associar por inúmeras vezes. Por exemplo, muitas pessoas têm associações negativas aos profissionais de vendas. Eles pensam no "vendedor" e eles imediatamente pensam: vigarista, manipulador, alguém para tirar vantagem de mim. Algumas pessoas podem ter associações negativas ou âncoras quando elas pensam em nossos produtos. Eles ancoraram nosso produto com: muito caro, não é luxuoso o bastante, etc. Nosso trabalho como profissionais de vendas profissional é mudar o que as pessoas associam a nossos produtos e serviços.

Nós temos que conseguir que eles associem ou ancorar que experimentem algum nível de prazer com a compra de nossos produtos. Nós também temos que os ajudar a associar o ser capaz de evitar experiências dolorosas com possuir nossos produtos. Assim nós temos a cenoura e vara da motivação, se você quiser.

Como as âncoras acontecem? Uma âncora é criada numa pessoa a qualquer hora que esta esteja dentro de um intenso estado emocional, e ao cume daquele estado emocional, acontece algum estímulo ímpar. Por exemplo, quando você era criança, se sua mãe estivesse em um estado realmente brava e ao cume da raiva ela olhou imediatamente para você com um certo olhar na face dela você sentiu esses mesmos sentimentos de preocupação, temor, transtorno, ou raiva. A qualquer hora que uma pessoa esteja em um intenso estado e ao cume acontece algo sem igual constantemente, os dois são unidos em nossas emoções e em nossos sistemas nervosos. Então, se qualquer hora no futuro o gatilho acontecer, nós voltamos logo no mesmo estado.

A maioria de nós estudou Ivan Pavlov e o trabalho que ele fez com cães onde a comida era usada como um gatilho para colocá-los no estado. Simultaneamente durante esses momentos de cume, foram tocadas campainhas até que o cachorro começou a associar o tocar da campainha à comida. Inicialmente, apenas a comida o fazia salivar, mas agora mantendo apenas um sino tocando criaria a saliva.

Quase todos comerciais são simples dispositivos de âncoras – comerciais de calças jeans vendem sentimento sensual, atraente e de conquista do homem ou mulher de seus sonhos se você apenas usar um tipo particular de calças jeans.

As pessoas não compram produtos, elas compram os estados que as fábricas associaram aos produtos delas.

- A Mercedes vende a âncora de prestígio.
- A Hyundai vende a âncora de ser inteligente.
- A Pontiac vende a âncora de excitação.
- A Toyota vende "O que sentir!"

A chave, então, é achar os estados que seus prospectos mais querem, e conseguir que eles tenham esses sentimentos. Descreva seu produto em termos desses sentimentos.

Quanto mais você pode fazer com que seu prospecto sinta os sentimentos que eles mais querem enquanto você fala sobre seu produto, mais eles começarão a unir os dois juntos. Se você duvida que isto funciona, apenas se lembre que os cachorros não acreditavam ou que funcionaria! Assim uma âncora é um padrão de associações, as pessoas que associam duas coisas (ou muitas coisas) juntas.[2]

Se você estiver em um estado de excitação forte, genuína sobre seu produto, então o estado no qual você está normalmente começará a afetar o estado mental de seu prospecto também. Se você expuser o prospecto continuamente a seu produto, visualmente os mostrando e auditivamente lhes falando sobre isto enquanto eles estão neste estado, eles começarão a unir este

---

[2] (Este assunto é ensinado e utilizado extensivamente para se programar para ter sucesso em nosso curso Desperte Seu Gigante Interior: A Ciência do Condicionamento do Sucesso.)

estado de excitação a seu produto. Este processo é chamado de ancorar, e acontece a qualquer momento que as pessoas estejam em um *peak state* emocional.

Qualquer coisa que eles vêem, ouvem, sentem, experimentam (gosto), toquem ou cheirem que acontecem continuamente enquanto eles estão naquele *peak state* fica associado nas suas mentes e emoções.

Isto é por que a maioria de nós foi ensinada como profissionais de vendas que as pessoas lhe compram primeiro antes delas comprarem seu produto. O que esta declaração realmente significa é que eles compram seu estado – eles compram no estado que eles vivenciam a sua volta, eles compram seus sentimentos.

A quinta Ferramenta Mestre da Influência é a INTERRUPÇÃO DE PADRÃO.

Lembre-se que o que as pessoas fazem está baseado no estado que elas estão em qualquer determinado momento. Às vezes quando você vai falar com alguém sobre seu produto ou serviço eles muitas vezes não estão se sentindo como se eles quisessem o escutar ou eles podem ter uma associação ancorada sobre o que significa seu produto. Talvez eles tiveram uma experiência ruim no passado.

Para criar uma nova âncora, uma nova associação, você tem que interromper primeiro o padrão velho de associação deles. Isto é conseguido simplesmente mudando qualquer forma do estado deles diferentemente do que eles esperariam! Você pode mudar o estado de alguém e pode quebrar o padrão deles os fazendo se levantar e se mover. Você pode fazer isto pelo modo como você fala, pelo modo como você olha para a pessoa, pelas perguntas você lhes faz.

Nós todos temos tido a experiência de ser consumidos pela conversação e ter alguém nos fazendo uma pergunta ou nos interrompendo de algum modo, tendo dificuldade de voltar a nosso ponto, embora fosse realmente importante para nós. Este é o poder das interrupções de padrão.

Da próxima vez que alguém estiver lhe fazendo uma objeção, quebre o padrão deles! Eles terão dificuldade em voltar à objeção e eles podem esquecer completamente isto e você poderá fechar a venda. Mestres persuasores são mestre em interromper padrões.

Proponha algumas perguntas humorísticas que você poderia fazer para quebrar os padrões das pessoas. Exemplo: Entrar em um supermercado e dizer, "Eu posso ver seus dentes?" "O que?" "Eu apenas poderia ver seus dentes durante um segundo?" E eles dizem, "Ok", e abrem a boca deles e lhe mostram os seus dentes e você diz, "Grande". A pessoa pergunta, "Você é dentista?" e você responde, "Não, eu apenas gosto de ver as pessoas sorrirem!" Isso quebra o foco donde eles estavam naquele momento e agora, muito certamente, eles sorriem muito! Agora enquanto eles estiverem sorrindo, eles estão vendo sua face. Se eles sorriem fortemente o bastante e vêem sua face, da próxima vez que você entrar será uma âncora. Eles verão sua face e se lembrarão da última experiência e eles sorrirão novamente. Isto é chamado venda psicológica.

As pessoas não compram produtos, elas compram estados. Quando as pessoas entram um estado limitado eles não comprarão, então nós temos que **QUEBRAR** aquele estado, interromper o **PADRÃO** de foco, fazendo algo que seja totalmente **INESPERADO**.

Modos para quebrar um padrão

- Faça uma pergunta sobre qualquer outra coisa.
- Os levante, e caminhe com eles.
- Lhes faça uma pergunta no topo de sua cabeça.
- Mude seu estado.
- Faça o inesperado.

Interromper os padrões das pessoas funciona somente se elas realmente sentirem que você está sendo **BRINCALHÃO** e você está tendo **RESPEITO**.

Seja criativo. A regra sobre interrupções de padrão é: Você tem que estar seguro de que seja algo que eles não **ESPERAM** assim isto mudará o estado deles.

A sexta Ferramenta Mestre da Influência é a **LEI DA PERSUASÃO INCONSCIENTE.**

O estado que move as pessoas rapidamente à ação é o estado de pressão ou tensão. Nós comemos para eliminar a tensão, nós fazemos amor e desfrutamos o processo da liberação de tensão. Se uma pessoa não estiver entrando em ação em sua vida, isto é porque elas ainda não sentem suficiente pressão para fazer isto. A utilização da pressão para influenciar as pessoas para comprar é extremamente importante.

O desafio é, os profissionais de vendas tradicional tentam pressionar o prospecto por fora. Isto funciona com alguns prospectos, mas muitos se ressentem com isto até mesmo se funciona, e a maioria rejeita isto. O mestre em vendas aprende a criar pressão interna. Há certos padrões ou modos de responder que nós fomos condicionados a viver desde que nós éramos crianças. Se nós não vivermos por estes padrões ou regras, nós experimentamos pressão interna ou dor. Compreender a utilização destes padrões pode lhe dar tremendo poder para influenciar as pessoas.

A próxima sessão, **Sessão Quatro: Criar Pressão Interna Para Comprar**, lhe ensinará seis destas ferramentas. Por exemplo, um é o poder da reciprocidade. Nós fomos condicionados desde cedo que se alguém faz algo para nós que nós precisamos reciprocar ou fazer algo para eles. Se nós não fizermos, nós fomos ensinados por nossa sociedade que nós seremos excluídos.

Será considerado que nós somos um tomador, uma sanguessuga, um dissimulador, alguém que não se preocupa. Mas se nós reciprocarmos, se nós tentamos e devolvemos até mesmo mais do que alguém nos deu, então é considerado que nós somos confiáveis, amorosos, generosos, amáveis, um amigo.

O Poder da Influência: A Psicologia dos Mestres Persuasivos

Uma compreensão de como usar este princípio para vender seria aprender a prestar sua completa atenção nas pessoas e as escutar.

Como resultado em retorno elas sentirão uma certa quantia de reciprocação para escutar suas idéias. Se você lhes perguntar o que elas fazem para viver, elas sentirão pressão para reciprocar e perguntar o que você faz. Isto pode ser muito poderoso para influenciar as pessoas sem a consciência delas.

A sétima Ferramenta Mestre da Influência está nas HABILIDADES DE ENQUADRAR.

É importante se lembrar que tudo o que nós fazemos é baseado em como nós estamos nos sentindo no momento. Como nós estamos nos sentindo é baseado naquilo que nós estamos focalizados. Todo o mundo poderia estar agora mesmo infeliz neste momento apenas por focalizar nossas mentes nas coisas em nossas vidas que ainda não estão perfeitas. (A propósito, esta é a boa notícia porque significa que sempre há uma lesão que nós podemos achar para motivar alguém para querer entrar em alguma nova ação e comprar nosso produto.)

Nós todos também podemos agora mesmo nos sentir extremamente feliz focalizando nos benefícios incríveis que nós temos por simplesmente estarmos vivos e nas experiências que nós tivemos em nossas vidas. Nós poderíamos focalizar e poderíamos estar contente sobre a aprendizagem que nós ganhamos e nas pessoas que nós contamos como amigos ou família ou amantes.

Para mudar os comportamentos das pessoas, então, nós temos que mudar o modo como elas sentem. Para mudar o modo como elas sentem, você tem que mudar o que elas estão percebendo ou o no que elas estão focalizando. Os seres humanos focalizam em apenas uma pequena parte da experiência deles. Um mestre em vendas ajuda a conduzir um prospecto no que focalizar, então como eles se sentirão e o que eles farão em uma determinada situação.

As quatro habilidades de enquadre que os mestres persuasores utilizam são:

A. O enquadre "Como se".

Muitas vezes uma pessoa lhe contará que elas não podem fazer algo ou que algo não é possível. O modo mais fácil para lidar com isto é não lutar contra o sistema de convicção delas. Isto só criará resistência. Ao invés, consiga que eles focalizem em possibilidades. O modo para fazer isto é se alinhar com eles.

Por exemplo, uma pessoa diz, "Eu não posso comprar agora. Não há nenhum modo possível." Resposta: "Eu estou certo que isto é verdade. Eu estou seguro do que você diz, você tem razões suficientes por fazer assim. Me deixe lhe fazer uma pergunta. Se tudo o que estivesse lhe impedindo você tivesse controlado e você vai comprar agora, como você faria isso?" Ou você diz, "Eu sei que você não vai comprar mas me deixar lhe fazer uma pergunta. Se por alguma razão você tivesse decidido comprar, o que mudou em sua mente?"

Perguntando "como se", você consegue que a pessoa deixe de focalizar em por que algo não pode ser feito e focaliza em por que pôde. Muitas vezes o resultado disto é não apenas uma solução ao problema, mas também um novo estado no cliente que lhes dá a habilidade para ter vontade de comprar agora. Muitas vezes quando você lhes fizer a pergunta, eles dirão que eles não sabem a resposta.

Diga, "Sim, eu sei que você não sabe a resposta, mas se você soubesse, você pensa o que poderia ser?" Muitas vezes eles poderão lhe falar porque eles não estão focalizando no fato pois eles poderiam lhe dizer a resposta "certa". Eles estão focalizados agora no que poderia ser possível. Assim que você muda o foco de alguém, você muda como eles se sentem e o que eles fazem.

B. Pré-enquadre.

Este é o nome desenvolvido após a observação de profissionais mestres em vendas fazem a todo o momento. Antes de um cliente ter uma oportunidade de focalizar no que poderia estar errado com uma proposição particular, o mestre em vendas dirige o foco dele com antecedência. O vendedor os pré-enquadra os ajudando a focalizar naquilo que é grande sobre uma situação. Eles não esperaram até que o cliente exponha uma objeção. Eles controlam a objeção com antecedência.

Por exemplo: Digamos que eu seja um vendedor de bens imóveis e eu vou mostrar para você uma casa grande, com uma gama de preços e tem um amplo ambiente para você e sua família, porém está a 80 km do centro da cidade. Eu não esperaria até que nós estivéssemos naquela comunidade e então você teria que começar a focalizar em quanto tempo demora, para chegar lá e como isso poderia criar dor (dor de esperar ou demora).

Ao invés, eu diria algo como, "Carlos, eu não posso esperar para lhe mostrar esta casa. É tudo o que você me disse que você queria. É toda pintada de branco. É um ambiente para você e seus filhos, e possui muitas árvores belas". Eu descreveria todas as coisas que este cliente mais quer. "Melhor de tudo, está a 80 km longe do tráfico, sujeira, e criminalidade da cidade. É bem próximo da cidade e pode manter seu emprego, e ainda lhe permite sempre ter a casa que você quis".

Em essência, o que eu fiz foi enquadrar com antecedência sobre o que focalizar. Eu o enquadrei para focalizar sobre o significado desta casa que está a 80 km distante da cidade como sendo prazeroso e não doloroso. Na realidade, eu crio em meu pré-enquadre que morar na cidade significaria dor.

C. Re-enquadre.

Este é o título utilizado para descrever como a maioria dos profissionais de vendas lida com as objeções. A maioria dos profissionais de vendas espera até que uma pessoa tenha avaliado como elas se sentem sobre algo (as conseqüências, ou o que poderia significar a eles).

Lembre-se, as duas perguntas que as pessoas estão sempre se fazendo é: "O que isto significa para mim?" e "O que eu deveria fazer?" Assim usemos o mesmo exemplo. Eu sou um vendedor de bens imóveis e nós dirigimos para a casa. Você gosta dela de muitas maneiras, mas você começa a focalizar no fato de estar 80 km longe da cidade. Você associa isso com incômodo ou dor.

Você poderia dizer, "Charton, é um grande lugar, mas está a 80 km da cidade". Um re-enquadre para isso poderia ser, "Bem, Carlos, é a distância da cidade que importa para você ou quanto tempo leva para você chegar lá?" (*Nota: a pergunta aqui está mudando o foco, o enquadre está sendo mudado de distância para tempo.*)

Você diz, "Bem, provavelmente quanto tempo leva é muito importante". Vendedor: "Bem então me deixe lhe fazer uma pergunta. Quanto mais tempo você pensa que levará para chegar à cidade deste lugar contra o outro lugar que você está vendo?"

Você: "Oh, aproximadamente 20 minutos".

Vendedor: "Bem, me deixe lhe fazer uma pergunta. Eu poderia estar errado, mas não valeria mais uns 20 minutos adicionais ao dia para viver onde você realmente quer viver? E também não valeria o preço totalmente razoável ter seu tempo para viver com sua família num ambiente que eles sempre sonharam ter nas vidas deles? Ou lhe será muito viver 20 minutos a mais, em vez de não satisfaz suas necessidades e no crime e sujeira da cidade em um lugar que você sabe que não espelha seus verdadeiros valores?"

Isto irá mudar o foco do prospecto para as conseqüências negativas de morar a menos de 20 minutos de uma cidade. Quando ele comparar as razões emocionais dele para comprar este lugar às razões dele para evitar comprar, aparecerá que a razão emocional para comprar é muito mais forte.

D. De-enquadre.

De-enquadre é o título dado para algo observado nos profissionais mestres em vendas fazerem de um modo muito poderoso, e isso é destruir literalmente o quadro de referência de uma pessoa. De-enquadre é destruir o foco presente dela e lhes fazer olhar completamente para outra direção. Usemos o mesmo exemplo de bens imóveis.

Deste modo re-enquadrar as pessoas só deveria ser usado se:

- Você qualificou completamente seu prospecto e você sabe se eles verdadeiramente precisam e querem seu produto.
- Você é um profissional que se preocupa e tem forte rapport com o prospecto.

O prospecto faz à mesma objeção: "É muito distante." Sua resposta, "Bem, eu tenho que dizer que eu estou um pouco feliz por você estar dizendo isso porque posso lhe dizer a verdade, eu realmente não sei se você poderia se qualificar para viver nesta comunidade ou não."

Prospecto: "O que! Claro que eu poderia me qualificar".

Vendedor: "Bem, não é totalmente tão fácil quanto parece".

Imediatamente o prospecto começa a tentar a lhe convencer agora que eles podem se qualificar. O foco deles não está mais no fato que está a 80 km, mas é focalizado em mostrar para você que eles podem se qualificar. Quanto mais eles tentarem provar a você que eles podem se qualificar, mais comprometidos eles se tornam a comprar a propriedade.

A oitava Ferramenta Mestre da Influência é o CONTROLE DO TEMPO.

Não importa quantas habilidades você tem ou quão efetivo em persuadir você seja, sua linha de fundo é imprensada principalmente por onde você gasta a maioria de seu tempo face-a-face. Como você passa seu tempo? Planejando ou face-a-face com clientes?

Foi dito freqüentemente que a força mais poderosa no universo é um vendedor que trabalha oito horas por dia face-a-face com clientes, não apenas um vendedor que se mantém ocupado. Qualquer um pode estar ocupado.

Todos nós sabemos da lei de Parkinson que declara: "O trabalho se expandirá ao tempo que nós dermos a ele". Todo mestre persuasor aprendeu a dominar o tempo. Eles aprenderam a dominar para ver pelo menos três pessoas face-a-face para uma apresentação a cada dia. Você tem que ter um sistema físico não só para administrar seus compromissos, mas sua comunicação contínua como também uma oportunidade para planejar seu playtime.

Há muitos sistemas que você pode utilizar deste modo. Você pode desejar contatar a CBRI[3] para obter informação de referência para o meu **Sistema de Administração do Tempo** que é baseado em novos e revolucionários princípios.

Quanto mais **TEMPO** que você pode passar com seu cliente **OLHO-NO-OLHO**, mais você se divertirá, mais poder você terá e o mais renda você ganhará.

Quando você projetar um plano para seu tempo, focalize em quais são os **RESULTADOS** que você quer e **POR QUE** você está os buscando.

Você tem que projetar um plano que o faça gastar a maioria parte de seu tempo **NA FRENTE** do cliente.

Todo mestre persuasor aprendeu a dominar o seu tempo. Eles aprenderam a dominar a ver pelo menos cara a cara diariamente três pessoas para uma apresentação.

A nona Ferramenta Mestre da Influência é a ADMINISTRAÇÃO DO ESTADO.

Até mesmo se você administra seu tempo e você dominou todos os outros elementos, se você não administrar suas próprias emoções sob situações difíceis, todas as outras que você aprendeu será drenado.

---

[3] Contate-nos: CBRI – Charton Baggio Recursos Ilimitados | e-mail: cbri@hotmail.com

O Poder da Influência: A Psicologia dos Mestres Persuasivos

A diferença entre sucesso e fracasso em vendas baseia-se na habilidade para dominar suas próprias emoções. Você tem que aprender a disciplinar suas decepções e se recarregar de um modo efetivo. Há uma sessão inteira dedicada a lhe dar ferramentas de ponta nesta área.

AS NOVE FERRAMENTAS MESTRE DA INFLUÊNCIA

Finalmente, há quatro perguntas que o prospecto sempre está se fazendo (as respostas para estas perguntas determinarão se ele/ela comprará seu produto ou não). Essas perguntas são:

1. Isto realmente me dará o que eu quero e preciso?
2. Se eu fizer isto, valerá a pena em termos de meu tempo, conveniência, ou capital?
3. O que dirão as outras pessoas? (Eles aprovarão? Eles desaprovarão? Significará dor ou prazer para mim?)
4. Eu realmente preciso disto agora?

A habilidade para responder estas quatro perguntas com antecedência para o prospecto no convencimento e de modo congruente é a diferença entre o fazê-lo uma compra ou não.

5 PERGUNTAS PARA INTEGRAÇÃO E DOMÍNIO

As distinções mais importantes que eu preciso me lembrar desta sessão são:
___

Eu posso e usarei as distinções, estratégias, ou ferramentas em meu negócio das seguintes maneiras:
___

Eu posso e usarei o que eu aprendi nesta sessão em minha vida pessoal por:
___

Durante pelo menos os próximos 7 dias eu me comprometerei com:

A razão pela qual eu me comprometo a isto é porque me dará ou criará:

O Poder da Influência: A Psicologia dos Mestres Persuasivos

PALAVRAS-CHAVES E PONTOS DE GATILHOS

- O significado de sua comunicação é a resposta que você obtém.
- Persuasão é o processo de conseguir que as pessoas façam coisas pelas razões delas, não suas.
- Você pode influenciar alguém através de intimidação, mas influência a longo prazo requer rapport.
- Perguntas de qualidade são a ferramenta.
- Perguntas mudam o estado das pessoas.
- Vender é o processo de transferir emoções.
- Para se tornar um cliente, o prospecto tem que sentir certeza (acreditar) que seu produto satisfará as necessidades dele; isto custará tempo, energia, dinheiro, ou desagrado; encontre a aprovação dos amigos deles (ou pelo menos que eles possam justificar isto); e eles têm que sentir que eles precisam disto agora.
- Você comeria uma tigela cheio de grilos vivos por $40,000?

Três perguntas que sempre vêm a tona:
1. que é isto?
2. O que há nisto para mim?
3. Você pode provar isto?

Depois das perguntas iniciais, as quatro perguntas que você tem que se antecipar e responder para eles é:
1. Realmente me dará o que eu **PRECISO** e **QUERO**?
2. Valerá a **PENA**?
3. O que dirão as **OUTRAS PESSOAS**?
4. Eu realmente preciso disto **AGORA**?

"Sempre pense em termos dos desejos das outras pessoas."

- James Van Fleet

Sessão 4 - Os Seis Segredos Para Criar Pressão Interna Para Comprar!

Se havia um modo para fazer uma pessoa sentir-se compelida para fazer uma compra, onde ela acredite que <u>ela</u> seja a fonte daquela decisão, você certamente quereria saber sobre isto, não é mesmo? Nesta sessão, nós queremos explorar os seis elementos inconscientes, ou o que é conhecido analiticamente como, persuasão. Estes seis princípios psicológicos podem ser utilizados para fazer uma pessoa sentir a pressão interna de ter que comprar sem que o vendedor pareça estar aplicando qualquer pressão externa que seja. O propósito desta sessão é lhe dar uma compreensão destes poderosos padrões psicológicos de influência que afetam as decisões e ações todo o mundo.

Analiticamente persuasão, as ferramentas inconscientes de influência, é definida: Há certas palavras, certos gatilhos, certas condições sociais que nos fazem andar no piloto automático e parar de **AVALIAR**.

AS LEIS DA INFLUÊNCIA INCONSCIENTE

Assim como nós realmente tomamos decisões? A maioria de nós seria surpreendido às influências externas que têm um impacto subconsciente naquilo que nós fazemos. Muitos destes não têm nenhuma base lógica, mas são uma programação emocional bastante profunda que vem de nossa socialização. Por exemplo, há palavras que nos ativam o piloto automático – nós deixamos de avaliar o que nós deveríamos fazer e simplesmente concordamos. Um dessas palavras é a palavra **porque**.

A necessidade por razões para justificar o comportamento é tão forte dentro dos seres humanos que nós aprendemos a ancorar a palavra "porque" para sentirmo-nos como alguém ou algo que justificou suas razões. Esta programação é tão forte que os investigadores descobriram que em um evento tudo o que for dito depois da palavra "porque" mesmo não fazendo sentido logicamente, mais de 90% das pessoas estudadas ainda concordaram como se houvesse uma razão legítima para fazer assim. A palavra "porque" detona o gatilho de complacência. Exemplo: Máquinas de xérox.

Esta ferramenta é extremamente útil, pois muitas objeções que as pessoas lhe dão estão no piloto automático. Por exemplo, "Eu posso o ajudar?" "Não obrigado. Eu só estou olhando". Se alguém lhe der uma rejeição automática diga, "Certo, está bem. Eu apenas preciso ficar aqui com você porque eu preciso lhe apoiar respondendo suas perguntas", "Eu preciso ficar aqui porque meu chefe me pediu", "Eu preciso dizer aqui porque..." qualquer coisa, e a pessoa o deixará ficar e conversará com você. Na maioria das vezes todas as pessoas necessitam de um "enquadre porque". Esta informação também é valiosa se você estiver tentando influenciar alguém ou conseguir que eles façam algo. Você precisa lhes dar um

O Poder da Influência: A Psicologia dos Mestres Persuasivos

"enquadre porque", uma razão para isto. Qualquer que seja a razão é menos importante que o fato que você os oferecer um "porque."

A segunda ferramenta da influência inconsciente que cria pressão interna é chamada de a **lei do contraste**. Novamente, qualquer coisa que um ser humano decida fazer é baseada no modo como eles avaliam as coisas, o processo de medir/pesar. A lei do contraste é um modo para mudar imediatamente avaliações como: difícil, fácil, caro, duro algo é. Para tomar uma decisão nós temos que comparar algo.

O que nós comparamos tem um papel interno enorme – se nós sentimos que algo vale a pena ou não, valor de fazer ou não, caro ou barato. Por exemplo, para uma pessoa que vive numa casa de $3 milhões, um automóvel $75,000 não parece necessariamente extremamente caro. A avaliação poderia ser: isto tudo "comparado a que?" Para alguém que mora em uma casa de $100,000, tocar um automóvel de $75,000 pode parecer extraordinariamente caro ou tolo – afinal de contas, eles poderiam ter outra casa com isso.

A chave para o uso da lei de estados de contraste é: A qualquer momento que você compara duas coisas que estão de lados opostos, eles se parecerão mais diferentes do que eles na verdade são. Exemplos disto são: lojas de roupas, vendedor de biscoito dos Escoteiros, estudantes universitários, e as pessoas de rua. Esta lei pode ser usada para condicionar seu prospecto. É freqüentemente terminado em negociações onde um indivíduo sabe que uma pessoa está pronta para vender uma propriedade ou negócio, e tem outra pessoa fazendo um lance primeiro nisto a um preço muito mais baixo.

Assim os compradores são condicionados a esperar um preço mais baixo. Quando o indivíduo entra com um preço abaixo da feita pelo comprador original, não parecerá ruim comparado com a oferta que foi dada anteriormente a eles. Se você oferece para um prospecto três planos de compra, um à $2,000, um à $1,000, um a $500 a primeira teria parecido cara. Agora parece bastante razoável em contraste com as outras ofertas.

Uma das ferramentas mais poderosas de influência inconsciente é a da **reciprocidade**. Nossa condição social enquanto nós estávamos crescendo nos ensinou que socialmente nós devemos estar dispostos a confiar que se nós fizermos algo aos outros, nós teremos retorno eventualmente em algo.

Nós condicionamos um ao outro por dor e prazer para ter certeza que as pessoas reciprocam. Afinal de contas, pense nisto. Quando alguém começar dando a nós, nós começamos a sentir um desejo – ou um mundo melhor será pressionado – de reembolsar as pessoas por qualquer coisa que elas fazem para nós.

Se as pessoas continuam fazendo as coisas para nós e nós não as reembolsamos, nós começamos a sentir mais pressão, limitando em dor. Então isto é mais poderoso que simplesmente um desejo de reembolso. É um padrão programado dentro da maioria das pessoas socializadas no mundo.

Pense nas conseqüências se alguém der algo a você e você não devolver – como você será percebido através dos olhos dos outros?

Você não será percebido como comprador, uma sanguessuga, dissimulador, alguém que não se preocupa, quem não é confiável, mesquinho? No outro lado, se as pessoas fazem algo para você e você tenta não devolver a elas apenas o que elas lhe deram, mas até mesmo mais, o que é considerado que você seja? Generoso, confiável, um amigo, leal, encorajador.

Assim esta lei de reciprocidade governa nosso comportamento, e algumas vezes nos faz tomar decisões pobres. Em nosso desejo para nos livrar da pressão negativa de dever alguém precisamos nós jogarmos em novos favores. Então, a qualquer hora que você possa fazer um favor para um prospecto, você deveria o fazer. Estará vivendo a Regra de Ouro, e esta é a razão psicológica do por que funciona.

Lembre-se, quando alguém fizer algo para você, muitas vezes você diz, "Muito obrigado" que significa "muito obrigou". Estudos mostram constantemente que as pessoas se privarão mais da pressão de obrigação que de qualquer outra influência.

A quarta ferramenta da influência inconsciente a **dupla amarra**. Muitas vezes trabalhando com um comprador ou um cliente, eles entram no que nós chamamos de "estado preso" da mente onde eles têm absolutamente certeza que eles não farão nada. Em vez de lutar, a maioria das vezes é útil lhes oferecer uma nova solução. Uma dupla amarra é simplesmente um modo de dar a alguém a ilusão de ter uma escolha quando você faz um pedido.

Na realidade, entretanto, a solução seja qual for ela, eles ainda estarão fazendo o que você gostaria que eles fizessem. Obviamente esta técnica só pode ser usada se você qualificou as verdadeiras necessidades de seu prospecto, e a única coisa que está os parando é um medo infundado.

O elemento fundamental que faz um trabalho de dupla amarra é a palavra "ou" – "Você gostaria disto ou daquilo?" "ou" é uma palavra semelhante a "porque" que põe as pessoas no piloto automático onde elas começam a avaliar menos criticamente (ou não) o que você está declarando.

Um exemplo seria: "Você gostaria de marcar um horário agora mesmo, ou você gostaria de apenas de agendar um tempo para nós estarmos juntos?" A chave para uma dupla amarra é: depois que você declarar a dupla amarra, você tem que continuar falando e tem que fazer uma pergunta logo em seguida. Exemplo: "Você gostaria de deixar de fazer o que nós estamos fazendo ou você apenas gostaria de fazer qualquer outra coisa? Porque eu estou seguro que isso é realmente muito importante para você poder criar os resultados que você quer em sua vida. Isto não é verdade?"

A quinta ferramenta da influência inconsciente é chamada **prova social**. Esta lei simplesmente atesta que se muitas pessoas estiverem fazendo algo, nós começamos a perceber isto como aceitável e potencialmente como um comportamento apropriado para nós mesmos.

Isto é verdadeiro até mesmo em situações que não fazem sentido. Um exemplo disto seria Jim Jones e Guiana, os Psicólogos mostraram inúmeras vezes que quando as pessoas não estão certas sobre o que vai ou não fazer, elas olham para os outros para ver o que fazer, e muitas vezes o seguem.

Este é um princípio psicológico de adaptação que a maioria de nós desenvolveu para ter sucesso dentro de uma sociedade cercada por outros com tantos comportamentos e valores. Esta é uma das razões do por que nós somos influenciados assim tão poderosamente pelos anúncios que mostram uma autoridade.

Quando nós não estivermos seguros do que fazer, nós olhamos para as autoridades para ver o que fazer. Nós também somos influenciados poderosamente por pessoas que nós gostamos (se elas gostam, e elas são uma pessoa boa, então nós provavelmente gostaríamos disto). Estes todos são os exemplos de usar prova social. Quando. Há muitos outros aspectos de prova social que podem ser utilizados.

Pesquisas têm mostrado constantemente que indicações valem 15 vezes o valor de uma chamada fria para um novo prospecto. Se muitas pessoas estão fazendo algo ou estão aceitando algo, então outros seguem as ações delas. Este princípio realmente o faz entender o poder das indicações. O que é um modo de você poder criar credibilidade adicional para você na forma de prova social por publicar um artigo em um jornal, uma pessoa fundamental, ou figura de autoridade poderosa que poderiam o endossar, etc.?

A sexta lei da influência inconsciente é a **lei do compromisso e consistência**. Nós fomos programados por nossa sociedade que uma vez nós tenhamos dito algo, uma vez nós comprometemo-nos com um ponto de vista particular ou ação, nós precisamos permanecer consistente com isso.

A razão é que em nossa sociedade nós programamos um ao outro para associar uma falta de consistência com dor. As pessoas que são incompatíveis são vistas como sendo indesejáveis em nossa cultura. É considerado que alguém que é consistente que seja uma pessoa desejável, alguém que você gosta de estar.

Elas são consideradas como confiáveis e fortes, alguém que tem uma espinha dorsal por que segue e mantém a sua palavra. Então sempre que nós fazemos um compromisso ou dissemos algo, nós sentimos pressão para permanecer consistente. Na realidade, tão forte é esta pressão que nós começamos freqüentemente a mudar nossas convicções para justificar por que nós fizemos as coisas para permanecer consistente com as ações que nós tomamos.

Esta necessidade para permanecer consistente às vezes pode limitar nossas vidas. Vendendo isto pode ser utilizado para conseguir que as pessoas entrem em ação. O modo mais fácil para fazer alguém comprar algo é mostrar para ela como não comprar seu produto seria incompatível com algo que ela acredita, um valor que ela mantém.

Por exemplo, se uma pessoa diz que ela não quer seguro de vida que porque ela pensa que é um desperdício de dinheiro, você pode mostrar para ela (sabendo como ela se preocupam tanto com a sua família e o foco inteiro dela está lá) que seria incompatível com o nível de apoio que ela dá à sua família em todas as áreas da sua vida. Ela deve estar pelo menos disposta a dar uma olhada na possibilidade de uma política. Isso prenderá a atenção dela!

Se você conhece alguém que no passado tem constantemente comprado o que eles pensaram ser os melhores produtos e serviços, o modo mais poderoso para lhes influenciar seria dizer, "Você não merece aquele carro quando tudo o que você tem é o melhor?" Ou, "Seria incompatível para você fazer este tipo de parede nesta parte de sua casa quando tudo foi concluído com produtos de primeira classe", etc. **A necessidade para manter as coisas consistentes é uma das únicas e mais poderosas forças na personalidade humana. Se você pode mostrar a um prospecto como não comprar é incompatível com um padrão que eles já mantêm, eles virtualmente não podem deixar de escolher comprar.** Um corolário importante para o compromisso e consistência são aqueles pequenos compromissos que se tornam grandes compromissos – o efeito bola de neve entra em ação.

Todas estas ferramentas afetam o modo como as decisões são tomadas que é em toda parte o que vender é - influenciar decisões e então as ações. As estude bem: elas podem destrancar vendas com as que você sonhou.

Nós fomos programados por nossa sociedade que nós precisamos ser **CONSISTENTES** para ser honesto, forte e respeitado.

As pessoas que são incompatíveis freqüentemente são taxadas como **MENTIROSAS, HIPÓCRITAS, DESPREZÍVEIS...**

É considerado que as pessoas que são consistentes são:

- **PEDRA DE GIBRALTAR**
- **ÉTICA, IMPECÁVEL,**
- **CONFIÁVEL, RESPONSÁVEL...**

Às vezes as pessoas permanecerão consistentes até mesmo quando for tolo ou não seja bom para elas.

Muitas pessoas mudarão as suas **CONVICÇÕES** para permanecer consistentes. Como você influencia as pessoas com compromissos?

- Consiga que elas façam muitos **PEQUENOS** compromissos.
- Como um trem sobre o trilho ... yes, yes, yes, yes, yes ...

Pequenos compromissos se tornam **GRANDES** compromissos. Quanto mais compromisso alguém tem que fazer para ser parte de algo, maior a sua aplicação disto no **LONGO PRAZO**.

5 PERGUNTAS PARA INTEGRAÇÃO E DOMÍNIO

As distinções mais importantes que eu preciso me lembrar desta sessão são:
_____
_____
_____
_____

Eu posso e usarei as distinções, estratégias, ou ferramentas em meu negócio das seguintes maneiras:
_____
_____
_____
_____

Eu posso e usarei o que eu aprendi nesta sessão em minha vida pessoal por:
_____
_____
_____
_____
_____

Durante pelo menos os próximos 7 dias eu me comprometerei com:
_____
_____
_____
_____

A razão pela qual eu me comprometo a isto é porque me dará ou criará:
_____
_____
_____
_____

Charton Baggio Scheneider

PALAVRAS-CHAVES E PONTOS DE GATILHOS

- Persuasão analítica.
- "Eu posso usar a máquina de Xérox porque eu estou com pressa?"
- Dupla amarras e a ilusão de escolha.
- Reciprocidade.
- Tempo extra gasto com um cliente.
- Hare Krishnas.
- Tapetes orientais.
- "Senhor, você gostaria de comprar um ingresso de $30 para nosso jogo anual, ou apenas biscoitos no valor de $2?"
- Contraste e as pessoas de rua.
- Poder das celebridades – prova social.
- 75% das pessoas preendem-se a um outdoor.

> *"É uma lei psicológica que tudo o que nós desejamos realizar nós temos que impressionar na mente subjetiva ou subconsciente"*
>
> *- Orison Doce Marden*

> *"Veja as coisas que você quer como realmente suas... Pense nelas como suas, como pertencendo a você, como já estivesse em sua posse."*
>
> *- Robert Collier*

PARTE II: A VENDA MAIS IMPORTANTE QUE VOCÊ FARÁ AGORA!

Sessão 1 - Razões Constrangedoras: Como Libertar Seu Poder

A venda mais importante que você fará não é a um cliente particular que você procurará, mas a venda chamada "você"! A habilidade para se persuadir que o que você tem é muito mais valioso que qualquer coisa que você perguntaria a um cliente é o único elemento mais importante no seu sucesso de vendas a longo prazo! Além disso, você tem que ter a habilidade para se persuadir para fazer as ligações que são necessárias quando você não se sente assim, perguntar uma vez mais depois dos cinco ou seis "não", gerando os níveis de entusiasmo e energia que são até mesmo necessários quando você está cansado. Este nível de Persuasão é o que separa os campeões desses que têm vidas comuns. Há 3 elementos que podem lhe ajudar a fazer isto acontecer: o desenvolvimento de convicções que o apóiam a atingir seu potencial pleno; e a habilidade para administrar seu estado quando os tempos estiverem difíceis. Comecemos com a Sessão Um: Razões Constrangedoras.

Como é que podem ser postos dois profissionais de vendas lado a lado, e enquanto um tem claramente maiores recursos naturais, melhor treinamento, o outro com menos treinamento, menos recursos, menos contatos, ele ou ela produz duas vezes mais? A diferença na qualidade de sua carreira de vendas não está baseada naquilo que você sabe, ou até mesmo em seu treinamento, acredite ou não.

É baseado em quanto desejo e intensidade você tem para utilizar todo o seu poder como uma pessoa de influência. Afinal de contas, vender não é difícil. Se você apenas falar com muitas pessoas, e você for sincero e você se preocupar o bastante, sem quaisquer das habilidades você vai fazer vendas. Nós discutimos anteriormente que tudo o que as pessoas fazem, eles fazem por razões – as razões deles, não suas.

O propósito, então, destas sessões é lhe ajudar a descobrir e cultivar algumas razões constrangedoras que o dirigiriam para utilizar mais de sua habilidade e perícia e libertar seu poder para ter sucesso. Lembre-se, sucesso na vida é 20% "como fazer", e 80% "por que ser" bem-sucedido.

As três razões do por que a maioria das pessoas não alcança o que eles querem são:

As pessoas com alta performance têm razões **CONSTRANGEDORAS** ou metas. Por que é que a maioria das pessoas não alcança o que elas querem?

1. Elas não estão certas sobre o que eles **QUEREM** em primeiro lugar
2. Elas não mantêm **COMPROMISSOS** e assim não obtêm os resultados.
3. Elas não têm razões que as **COMPELEM** o suficiente para as fazer levar a cabo quando o andamento se põe áspero.

Três passos para alcançar suas metas:

1. **Crie um plano para suas metas e escreva-o.** O que é uma meta? Uma meta é um sonho com um prazo final. É tomar uma decisão que há algo que você está absolutamente comprometido a ter, fazer, ser, ou compartilhar em sua vida. Deve ser apoiado com muitas razões para fazer isto compelido, e não só um capricho a curto prazo, desejo ou necessidade.
2. **Você tem que criar conseqüências suficientemente constrangedoras** de forma que você esteja claro que você experimentará dor profunda se você não levar a cabo nos passos que você acha necessário para fazer a meta uma realidade. Estas razões têm que estar compelindo e ser emocional. Metas escritas com um plano podem criar resultados fenomenais.
3. **Utilize completamente as conseqüências de fracasso como alavanca.** "Se eu não fizer isto, o que me custará? O que eu estarei deixando?" Como também os benefícios do sucesso: "Se eu faço isto e funcionar, o que me dará? Como isso me fará sentir?"

A ciência de fixar metas é:

FAÇA!

Escreva suas metas e um plano para as conseguir. Em um estudo da Yale University, 5% das pessoas que escreveram suas metas e planos para conseguir **RELAÇÕES** mais comprometidas e fazer mais **DINHEIRO** valiam mais do que todos os 95% restante da classe combinada!

O que é uma meta? Uma meta é tomar uma decisão sobre algo que você está **ABSOLUTAMENTE COMPROMETIDO** a ter/ser em sua vida.

Para aquela decisão passada necessita ser apoiada com muitas razões, e não apenas muitas razões, razões suficientemente **COMPROMETIDAS**.

Para fazer essas razões compelidas, una em sua mente **PRAZER E DOR** sobre adquirir e não adquirir sua meta.

Use **CONSEQÜÊNCIAS** como alavancas para conseguir que você leve a cabo em um nível até mais profundo.

As ferramentas que você pode usar para se vender:

1. **COMPROMISSO** e consistência.
2. **CONTRASTE**.
3. **RAZÕES**, positivas e negativas.
4. Venda-se como **CONSEQÜÊNCIA**.
5. Torne **REAL** para você.

Fixar metas é um processo **CONTÍNUO**.

ESTABELECENDO METAS

Aqui está um seminário de 7 passos para estabelecimento de metas:

PASSO 1: Por 12 minutos escreva abaixo qualquer coisa e tudo o que você quer fazer, ser, ter, criar, dar, compartilhar, descobrir, ver, sentir, ouvir, atuar em sua vida – coisas materiais, coisas emocionais, espirituais, físicas, familiares, sociais, mentais, tudo o que você possa imaginar, qualquer desejo que você já possa ter, qualquer coisa você possivelmente possa desejar entre agora e os próximos 20 anos. A chave é fazer isto sem qualquer filtro conforme você possa adquirir isto. Lembre-se: Se você adquire algo que o inspira o suficiente, se você adquire um POR QUE grande o bastante, você poderá entender como.

PASSO 2: Crie um prazo final – lembre-se, uma meta é um sonho com um prazo final. Próximo a cada meta fixe agora um prazo final, uma linha de tempo dentro da qual a meta deve ser obtida. Escreva para "A" para as metas que você quer alcançar agora, "6" para aquelas que você quer alcançar dentro dos próximos 6 meses, "1" para as metas que você gostaria de alcançar dentro de um ano, "2" dentro de 2 anos, "5" para dentro de 5 anos, "10" dentro de 10 anos, e "20" com 20 anos. Nomeie um tempo a cada meta.

QUALQUER COISA E TUDO O QUE EU QUERO FAZER, SER, TER, CRIAR, COMPARTILHAR, DESCOBRIR, VER, SENTIR, OUVIR, ATUAR EM MINHA VIDA.

_____
_____
_____
_____
_____
_____
_____
_____
_____
_____
_____
_____
_____
_____
_____
_____
_____
_____
_____
_____
_____
_____
_____
_____
_____
_____

O Poder da Influência: A Psicologia dos Mestres Persuasivos

Qualquer coisa e tudo o que eu quero fazer, ser, ter, criar, compartilhar, descobrir, ver, sentir, ouvir, atuar em minha vida.

_____
_____
_____
_____
_____
_____
_____
_____
_____
_____
_____
_____
_____
_____
_____
_____
_____
_____
_____
_____
_____
_____
_____
_____
_____
_____
_____
_____
_____
_____
_____

PASSO 3: Circule todas as suas metas de 1 ano, e escolha as 4 que considera serem as mais constrangedores para você – suas 4 metas principais que você está comprometido a alcançar dentro de 1 ano. Tenha certeza de que elas estão lhe compelindo o bastante para criar uma tremenda excitação dentro de você. Caso contrário, um brainstorm e acrescente algumas metas adicionais.

PASSO 4: Tendo selecionado suas 4 principais metas, escreva numa folha de papel, o cabeçalho "Principais Metas de 1 Ano" e a seguir escreva suas 4 principais metas. Debaixo de cada uma, escreva o porquê você está absolutamente comprometido em alcançar esta meta dentro deste ano. Venda-se – lhe dê razões suficientes para o levar a cabo.

Principais Metas de 1 Ano & Por Que Eu Estou Comprometido Com Elas

_____
_____
_____
_____
_____
_____
_____
_____
_____
_____
_____
_____
_____
_____
_____
_____
_____
_____
_____
_____
_____
_____
_____
_____
_____
_____
_____
_____
_____
_____

PASSO 5: Próximo a cada uma de suas 4 principais metas e suas razões do por que você quer as alcançar, escreve abaixo o que lhe custará se você não as alcançar. O que você tem a perder? O que você perderá? Novamente, utilize o poder da dor e do prazer – motivação (atraente e repelente).

PASSO 6: Escolha um parceiro e lhes diga quais são as suas 4 principais metas e o porquê você está comprometido a alcançar essas metas.

PASSO 7: O Poder do Pensamento Negativo – Ponha-se no estado mais poderoso, feliz, divertido, ultrajante, louco, brincalhão que você possa imaginar, e com entusiasmo total conte a seu parceiro todas as razões do por que alcançar suas metas nunca funcionará, tendo a certeza de que enquanto você estiver lhes falando sobre suas razões, que você esteja se sentindo totalmente excitado, ultrajante, brincalhão e ridículo, enquanto seu sócio bate palmas e o alegra com entusiasmo. O propósito deste exercício é conseguir que você associe humor às desculpas que você normalmente viria a dar mais tarde por não ter tido sucesso. Então, da próxima vez que a desculpa surgir, você sorrirá, irá rir, mover-se corretamente através disto e irá mudar.

O Poder da Influência: A Psicologia dos Mestres Persuasivos

Conforme eu reviso minhas metas, eu olho para as razões que eu as quero. Eu noto que certas metas têm razões em comum. Algumas dessas razões comuns que dirigem algumas de minhas metas são:

_____
_____
_____
_____
_____
_____
_____
_____
_____
_____

Além disso, eu noto que há certas coisas que eu não quero experimentar em minha vida. Algumas das coisas que eu quero evitar que me motivam são:

_____
_____
_____
_____
_____
_____
_____
_____
_____
_____

Durante os próximos 30 dias, eu me comprometo a revisar pelo menos uma vez ao dia minhas 4 metas top de um ano, enquanto penso em às alcançar e me sinto como eu me sentiria se eu já as tivesse obtido. A razão pela qual eu me comprometo com isto é que isso me dará ou criará:

_____
_____
_____
_____
_____
_____
_____
_____
_____
_____

Charton Baggio Scheneider

5 PERGUNTAS PARA INTEGRAÇÃO E DOMÍNIO

As distinções mais importantes que eu preciso me lembrar desta sessão são:

Eu posso e usarei as distinções, estratégias, ou ferramentas em meu negócio das seguintes maneiras:

Eu posso e usarei o que eu aprendi nesta sessão em minha vida pessoal por:

Durante pelo menos os próximos 7 dias eu me comprometerei com:

A razão pela qual eu me comprometo a isto é porque me dará ou criará:

PALAVRAS-CHAVES E PONTOS DE GATILHOS

- **Crie conseqüências constrangedoras** se você não tiver sucesso – fabulosos benefícios se você faz.
- **Clareza é poder** – quanto mais claro suas metas, mais focalizadas elas são, mais poderosas elas são.
- **Tenha certeza que suas metas são coisas que você pode controlar**, em vez de coisas que você não pode. Para ter uma meta efetiva, tenha certeza que seja algo que você pode controlar.

Tenha certeza que suas metas sejam específicas. Tenha certeza que elas são algo que você realmente está comprometido a longo prazo.

> *"Deve haver uma meta para todos os estágios da vida. Deve haver uma meta!"*
>
> *- Maggie Kuhn*

Sessão 2 - O Poder Ilimitado Da Convicção!

Nós já declaramos várias vezes neste curso que qualquer coisa que as pessoas fazem, você pode ter certeza de uma coisa: elas têm razões para fazer isto. As razões atrás de todo o comportamento são as convicções. Nossas convicções sobre as conseqüências de nosso comportamento determinam o que nós compramos, o que nós tentamos, e o que nós fazemos. O propósito, então, desta sessão é analisar as convicções que nós temos que ter para que tenhamos sucesso, e algumas das convicções que nós podemos ter agora que podem estar limitando nossas vidas, e como as mudar.

Tudo o que nós fazemos, uma coisa é sem dúvida – nós temos **razões**. A grande pergunta é POR QUÊ? A resposta é, tudo o que nós fazemos em nossa vida é baseado em nossas convicções sobre o que conduzirá a doer e o prazer.

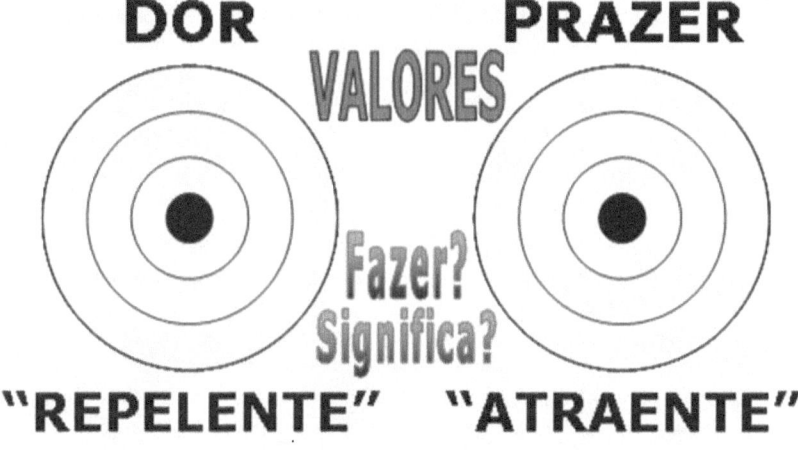

Desde que as duas coisas que dirigem nosso comportamento são a nossa necessidade para evitar a dor e nosso desejo a novamente ter prazer, o que nós fazemos em uma determinada situação é baseado em nossas convicções: nós acreditamos que se nós fizermos isto, isto conduzirá a dor, ou conduzirá ao prazer? Assim nossas convicções sobre o que conduz o prazer e as que conduzem

O Poder da Influência: A Psicologia dos Mestres Persuasivos

a dor dirigem todas as nossas decisões, todos os nossos comportamentos, e moldam nosso destino. Uma convicção é nada mais do que um sentimento de certeza sobre o significado de algo – i.e., metas são maravilhosas, mas o que nós tentamos obter com uma meta é baseado em nossas convicções.

Há dois elementos que trabalham juntos para determinar nosso comportamento. Um destes são os valores – quer dizer, os sentimentos ou estados que nós queremos buscar, e os sentimentos ou estados que nós queremos evitar. O segundo elemento que afeta nosso comportamento são nossas convicções sobre quais ações ou coisas conduzirão a dor e que ações ou coisas conduzirão ao prazer. Isso é como nós tomamos decisões sobre o que fazer em nossas vidas. As duas distinções críticas para saber de seu cliente são:

1. Quais são as convicções deles sobre seu produto?
2. Quais são os estados que eles mais querem? Em outras palavras, quais são os estados que eles mais avaliam?

Há dois tipos de convicções:

1. **Convicções globais** — exemplos destas seriam "A vida é", "As pessoas são", "Eu sou"; "Os clientes sempre gostam de mim", "Os clientes são as pessoas agradáveis como todo o mundo", e "As pessoas amam comprar"; e
2. **Regras** — "Se X, então Y": Estes são sistemas de convicção de causa-efeito. "Se eu prover bons serviços então os clientes gostarão de mim" é um exemplo de uma convicção de "regra".

Lembre-se: os clientes se **perguntam**:

1. O vendedor tem meus melhores interesses em mente?
2. O que significará este produto para mim? Me dará o que eu realmente quero?
3. Vale a pena para mim? O que eu vou ter que me render para adquirir isto?
4. O que as outras pessoas pensarão? O que comprar isto significará para minhas relações com outras pessoas? Eu posso justificar isto?
5. Eu realmente preciso disto agora?

Estas perguntas estão testando as convicções do cliente, o nível de certeza que esta pessoa tem sobre se comprar conduzirá a dor ou ao prazer. Se lembre, eles têm que sentir certeza, i.e., acreditar, que comprar o produto a dor deles irá embora e o prazer deles será aumentado.

Uma convicção é nada mais que um sentimento de certeza. Para criar uma nova convicção ou um novo sentimento de certeza sobre o que algo significa, você tem que se alinhar primeiro com a velha convicção. Se você luta contra uma convicção e faz uma pessoa ficar atenta ao que você discorda com ela, o próprio compromisso deles e consistência as farão justificar a convicção até mesmo mais. Um modo mais poderoso de mudar uma convicção é se alinhar e redirecionar, e fazer perguntas que causam a uma pessoa a re-focar em outros possíveis significados do comportamento ou atividade.

Por exemplo, se alguém disser a você, "Eu odeio visitar meus parentes – sempre é uma dor no pescoço", naquele momento elas acreditam que isto é verdade. Elas sentem certeza de que visitar os seus pais é uma dor no pescoço. Assim você diz, "Eu sei o que você quer dizer, eu me sinto do mesmo modo quando eu vou visitar os meus. Eu estou curioso sobre uma coisa, entretanto, você já foi lá e desfrutou qualquer parte disto? Houve tempos quando você desfrutou uma parte pequena disto, não tem?" E conforme você começa a obter uma refocagem eles podem olhar agora para isto e podem dizer, "Bem, sim, eu acredito que houve momentos". Conforme eles começam a ver exceções ao significado que eles uniram a uma situação, eles começam a ter uma pequena dúvida na convicção deles, e eles começam a desenvolver uma nova convicção sobre o que é possível.

O ponto chave para se lembrar é, nunca tente mudar as convicções essenciais de uma pessoa. Como um vendedor profissional, seu trabalho é apresentar suas idéias em acordo ou em alinhamento com as convicções do prospecto. Fazendo injustiça para alguém nunca as fará um amigo ou criará uma venda. Em vez de lutar, alinhe e redirecione. Por exemplo, assim que um prospecto diz a você, "Você é um grande sujeito, mas eu realmente não tenho uma necessidade por seu produto. Eu tenho um grande provedor". Em vez de lutar com ele que o fará justificar o nível de certeza dele, alinhe-se com ele. Diga algo como, "Bem, eu certamente invejo seu provedor – ele tem que estar fazendo um trabalho oportuno para você. Você se importa se eu lhe fizer apenas três pergunta?" "Não, não."

1. "Bem, primeiro, me diga três coisas que seu provedor está fazendo realmente bem, eu estou curioso". O que isto faz é lhe permitir elaborar as coisas que ele acredita, e as por em alinhamento com você.
2. "Se houver três modos que seu serviço poderia ser melhorado, quais seriam eles?" Fazendo esta pergunta, você os faz focalizar em coisas que eles não pensavam muito, mas há uma boa chance que ele pensará em coisas que poderiam ser melhoradas. Assim você estará começando a perturbar o prospecto ou a manifestar a ele uma necessidade que ele não percebeu que ele tinha – uma lesão.
3. "Se estas áreas não providas continuarem sendo omitidas, quais são algumas das conseqüências que isto estará causando a sua companhia a longo prazo?" O que você está fazendo aqui é lhe vender a lesão. Você está começando a incitar as emoções dele sobre o que ele está perdendo, como poderia o ferir, como não ouvir sua proposta ou não fazer uma mudança poderia ser muito dolorosos – uma motivação mais forte que apenas o desejo para algo novo. Lhe venda a lesão dele.

Novamente, lhe pergunte – não lhe diga tudo o que é possível. Se você lhe falar como as coisas vão pôr piores se ele não mudarem, ele pode se ressentir com isto e ele certamente questionará isto. Mas se ele lhe disser, é verdade. Lhe pergunte, "Qual será o preço se você não se expuser pelo menos a outras possibilidades que poderia mudar e poderia resolver essas três? Se há um modo

O PODER DA INFLUÊNCIA: A PSICOLOGIA DOS MESTRES PERSUASIVOS

para resolver essas três, também, que seria certamente importante fazer isso, não é?"

Agora você tem alguém que tem um novo jogo de convicções, um novo sentimento de certeza. Ele está agora associado a dor por não mudar agora e pelo menos o potencial mais forte de prazer por mudar e curar aquela ferida. Se lembre, todos nós temos interesses ou necessidades que não estão sendo satisfeitas. Nosso trabalho como profissionais de vendas é os achar.

Lembre-se, se aquela pessoa comprar ou não é baseado em apenas um par de coisas simples: eles acreditam que comprar significara mais dor, ou mais prazer? Se uma pessoa acredita que vai significar mais dor, você tem que se alinhar com elas e tem que começar a fazer-lhes perguntas que as levem a focalizar em todas as razões do por que seria importante elas comprarem agora, isso lhes dará os tipos de prazer elas querem (i.e., conhecer os valores delas), e as ajudar a evitar o tipo de dor que elas querem evitar a todo custo. E por que se seria lógico e importante, possivelmente urgente, fazer isto agora (RLPCA). Lembre-se, se o prospecto não tem Razões Emocionais Para Comprar Agora (REPCA) fortes o suficiente, então ele não irá. E você não pode influenciar outro ser humano a menos que você fosse auto-influenciado. Vender é uma transferência de emoções – se você não acreditar em algo, sinta-se certo sobre isto em seu próprio intestino, ou certamente você não vai transferir isto outro qualquer.

Assim para influenciar as pessoas, então, deverá descobrir, quais são os objetivos deles? Quais são os estados que eles mais valorizam? Quais são os estados primários que eles desejam para experimentar e evitar? Em outras palavras, quais são os valores deles? Então você descobre quais são as convicções de uma pessoa, se alinha com essas convicções, e os redireciona para produzir resultados. Lembre-se, se você tiver um total sentimento de absoluta certeza, você pode ser fluído.

Se você procrastinar, é porque você acredita que não fazer algo será menos dolorosos do que fazer. Às vezes se você procrastina além dos interruptores, e você pensa, "Puxa, eu faço melhor que isto porque não fazer isto será mais difíceis que ter o serviço feito". A menos que você mude suas convicções, seu comportamento não mudará. Convicções são os sentimentos de certeza que nós temos sobre quais serão as conseqüências de nossas ações. Eles afetam o que nós tentamos, e o que nós fazemos de fato. Não é que as pessoas <u>podem</u> fazer que faz uma diferença na vida delas, é o que elas <u>acreditam</u> que elas podem fazer que faz uma diferença. Convicções podem ser correntes ou asas.

Quais são as três convicções que você tem em sua vida que o energiza como ser humano? Elas podem ser convicções globais como "Eu sou", "A vida é", "As pessoas são", ou elas podem ser regras como "Se eu faço isto então isso significa que", "Se as pessoas fazem isto, então isso". Escreva estas convicções abaixo. Quais são as conseqüências que elas criam?

A pergunta fundamental para se fazer a qualquer momento do dia é, "O que eu teria que acreditar para me sentir deste modo?" Ou "O que eu precisaria para acreditar que eu posso realizar o que eu quero agora?"

Convicção poderosa #1: _____

_____

Resultados: _____

_____

Convicção poderosa #2: _____

_____

Resultados: _____

_____

Convicção poderosa #23 _____

_____

Resultados: _____

_____

O Poder da Influência: A Psicologia dos Mestres Persuasivos

Quais são as convicções limitantes que você tem sobre você? Quais são as conseqüências delas?

Convicção limitante #1: _____
_____

Conseqüências (impacto negativo): _____
_____

Convicção limitante #2: _____
_____

Conseqüências (impacto negativo): _____
_____

Convicção limitante #3: _____
_____

Conseqüências (impacto negativo): _____
_____

Quais são as convicções energizantes que você tem sobre você vender? Quais são as conseqüências positivas delas?

Convicção energizante #1: _____
_____

Resultados: _____
_____

Convicção energizante #2: _____
_____

Resultados: _____
_____

Convicção energizante #3: _____
_____

Resultados: _____
_____

De que convicções adicionais eu precisaria ter para levar minha vida a uma nova vida de sucesso? Crie 2 ou 3 convicções.

_____
_____
_____
_____
_____
_____
_____
_____
_____
_____

De que convicções adicionais eu precisaria ter para levar minhas vendas a um novo nível de sucesso? Crie 2 ou 3 convicções.

_____
_____
_____
_____
_____
_____
_____
_____
_____

AS NOVE CONVICÇÕES QUE DETERMINAM O SUCESSO E O FRACASSO EM VENDAS

Convicções sobre:
1. Si
2. Prospectos
3. Responsabilidade
4. Esforço vs. Recompensa
5. Rejeição
6. Sucesso e Fracasso
7. Intrusão
8. Disciplina
9. Prospectar

CINCO PERGUNTA PARA INTEGRAÇÃO E DOMÍNIO

As distinções mais importantes que eu preciso me lembrar desta sessão são:
_____
_____
_____
_____
_____

As três novas convicções mais importantes que eu estabeleci são:
_____
_____
_____
_____
_____

O Poder da Influência: A Psicologia dos Mestres Persuasivos

Se eu fosse não viver por estas convicções, o custo para mim seria:
_____
_____
_____

Uma pergunta excelente que eu posso me fazer no futuro para criar novas convicções e me energizar seria:
_____
_____
_____

Eu posso e usarei as distinções, estratégias, ou ferramentas em meu negócio das seguintes maneiras:
_____
_____
_____
_____

Eu posso e usarei o que eu aprendi nesta sessão em minha vida pessoal por:
_____
_____
_____
_____

Durante pelo menos os próximos 7 dias eu me comprometerei com:
_____
_____
_____
_____

A razão pela qual eu me comprometo a isto é porque me dará ou criará:
_____
_____
_____
_____

PALAVRAS-CHAVES E PONTOS DE GATILHOS

- Por que nós fazemos o que nós fazemos?
- Nós temos razões, convicções sobre dor e prazer que determinam nosso destino.
- Perguntas – A qualidade de nossa vida é determinada pela qualidade das perguntas que nós perguntamos para nós mesmos.
- que você mais avalia? Segurança ou aventura?
- Que estados você mais gosta de evitar? Humilhação? Medo? Ou Frustração?
- Você pode mudar o que você acredita ensaiando em sua mente até que você tenha um sentimento de certeza – lembre-se da técnica de Feldenkrais.
- Sempre seja uma pessoa na segunda posição – sempre vá pelo número mais alto sempre que houver uma dúvida. Faz uma diferença enorme em sua imagem de você.
- Ser um doador é o caminho para a riqueza – sempre dê mais do que você espera receber.

"O homem é o que ele acredita."

- Anton Chekhov

Charton Baggio Scheneider

Sessão 3 – Administração do Estado – A Diferença Entre Sucesso e o Fracasso

Sucesso e fracasso não são medidos pelo que as pessoas podem fazer. O que os seres humanos podem fazer é incrível – o que eles farão normalmente é desapontador. Os profissionais de vendas têm o potencial definitivo para ganhar tanto quanto eles gostariam, contudo muito poucos o fazem. O maior problema é a sua inabilidade para administrar os seus estados emocionais de frustração, rejeição, pressão financeira, etc. O propósito desta sessão é o prover com as mais rápidas, mais efetivas ferramentas para mudar seus estados emocionais imediatamente em situações difíceis de forma que você possa maximizar seu potencial pessoal, mental e emocional.

As três mais proeminentes razões para fracasso entre profissionais de vendas:

1. Não ter razões suficientemente constrangedoras para ter sucesso quando o gongo tocar – i.e., não ter motivação suficiente. Razões fracas são pouco desejadas.
2. Sistemas de convicção limitante – i.e., "Não funcionará de qualquer maneira", "Eu tentei isso antes", "Eu tentei tudo e nada funcionou", "Até mesmo se eu fizer, não há nenhuma garantia que funcionará", "Eu não sou bom o bastante", etc.
3. Inabilidade para administrar seu estado constantemente quando o andamento se põe duro. O que têm John Belushi, Elvis Presley, Freddie Prinz, e Marlyn Monroe em comum? Todos eles pareciam ter êxito. Eles tiveram razões constrangedoras para ter sucesso e convicções energizadoras, e ainda assim eles não puderam administrar o estado cotidiano deles. Eles não foram mais longe porque eles tentaram usar outras fontes para mudar o estado deles: comida, drogas, etc.

A habilidade para administrar seu estado é a diferença entre pobreza e riqueza, entre matrimônio e se divorciar, entre realmente ter a vida que você deseja ou se conformar com menos. Muitas pessoas têm todas as razões para se sentirem prósperas e se sentirem felizes, mas ainda não são, porque eles não aprenderam a administrar as emoções delas. E outras pessoas que têm uma razão para se sentirem transtornadas sobre as vidas delas parecem estar contentes.

"Como eu administro minha vida?" é uma pergunta excelente que nós responderemos nesta sessão. Mas por que dirigir isto pode ser até mesmo uma pergunta mais importante. Quais são as conseqüências se você não administrar seu estado? Se você apenas se permite estar em uma montanha-russa emocional onde você está em reação a qualquer vento de conseqüência que possa soprar em sua vida neste momento? Em vez de dizer, "Como isto está acontecendo?", olhando para você e se pondo bravo, uma melhor pergunta poderia ser, "O que eu preciso fazer para virar esta coisa? Sim, eu tenho o direito para estar transtornado sobre isto, mas o que eu preciso fazer para obter os resultados que eu preciso e quero ter para fazer de minha vida melhor do que ficar chateado?" Quase nada. Lembre-se, o estado no qual você está determina seu comportamento e desempenho. Se você está em um estado ruim e bravo que você pode se achar repentinamente ou tratando as pessoas a sua volta do modo aos quais você não gosta, e você regularmente não faz, e fica envergonhado sobre isto. Administração de estado é a verdadeira maturidade, o verdadeiro poder.

O estado no qual você está determina seu **COMPORTAMENTO** e seu **DESEMPENHO**.

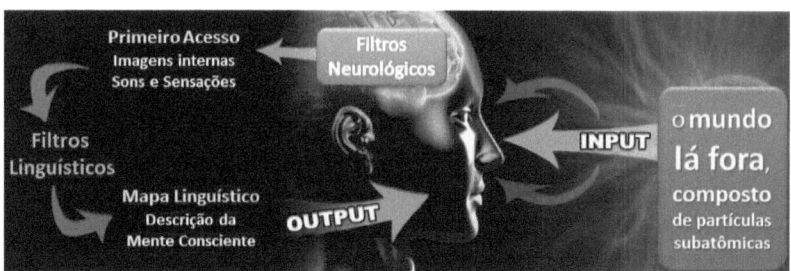

Os dois modos principais para mudar seu estado:

Mude sua **FISIOLOGIA**.

Respirando, o modo como você usa sua face, cantando, aeróbica facial, postura, movimentos, o que você come, quando você come, movimentos de poder, fazer um som.

Emoções vêm do **MOVIMENTO**. Se você muda o modo como você se move, você muda o modo como você se **SENTE**.

Desenvolva seus próprios movimentos de poder pessoal, movimentos que imediatamente o ponham em um *peak state* assim você poderá obter muito mais de você.

Controle o que você está focalizando e **COMO** você está focalizando as coisas.

Tudo o que você está sentindo num determinado momento é baseado naquilo que você está focalizando. Vender é controlar o **FOCO** do cliente. O modo mais importante para controlar foco é aprender a usar as **PERGUNTAS**.

Assim, como nós administramos nossos estados? Há dois modos primários para administrar nossos estados.

Numero 1 – é dirigir nossa fisiologia; quer dizer, o modo como nós respiramos e nos movemos – nosso nível de energia físico, nossas expressões faciais, qualquer mudança em nosso corpo físico imediatamente muda nosso estado. Na realidade, a maioria das pessoas em nossa cultura, quando elas não gostam do modo como elas estão se sentindo, fazem coisas como comer ou tomar remédio para tentar mudar o estado delas.

A razão de elas fazerem isso é porque estas aproximações funcionam. Estas aproximações para mudar o estado simplesmente são usadas pelas pessoas porque elas não aprenderam o poder de dirigir os seus próprios corpos.

Uma das distinções mais importantes do século XXI é que pondo seu corpo em uma postura particular de fisiologia, você imediatamente muda e dirige seus próprios estados emocionais Por exemplo, se você por um sorriso enorme em sua face, se empertiga, e respira profundamente, essas emoções positivas começam a surgir em seu corpo, e disso, pela excitação física elas se tornam uma realidade emocional.

OS QUATRO MODOS PRIMÁRIOS PARA ADMINISTRAR SEU ESTADO SÃO:

1. **O desenvolvimento de movimentos de poder** – movimentos explosivos que sejam radicais e energizantes mudam seu estado.
2. **A administração da respiração** – muito freqüentemente quando as pessoas têm tensão física ou pressão nos seus corpos, é porque durante a tensão emocional elas deixam de tomar fôlego naquele momento.
3. **A habilidade para administrar suas expressões faciais** – faça aeróbica facial.
4. **A velocidade e qualidade de seus movimentos**, de ombros e braços.

Use seu mover de poder para se ativar novos estados. Se você souber que alguém se sente bem realmente, você pode os modelar. Ache pessoas que têm êxito em fazer as coisas e faça as coisas que elas estão fazendo, inclusive o uso do corpo delas. Você começará a se sentir do mesmo modo. Lembre-se, estado é o que você vende – você pode mudar o estado do cliente mudando o modo como eles estão se movendo ou estão respirando, ou o foco deles. Outro modo para administrar sua própria fisiologia é mudar o modo como você está usando sua voz – a velocidade ao qual você fala, o volume, a intensidade, a tonalidade.

O segundo modo principal para administrar seu estado é mudar o que você está focalizando e como você está focalizando as coisas. Tudo o que alguém está focalizando em determinado período particular de tempo determina como eles vão se sentir e o que eles vão fazer – isto determina seu estado e seu comportamento. Vender é controlando foco do cliente. O meio mais poderoso para controlar qualquer foco, seu próprio ou do cliente, é através das perguntas.

Perguntas são as ferramentas para focalizar a mente. Elas determinam o que nós prestamos atenção, e o que nós avaliamos. Lembre-se, a regra 80-20 da vender é: 80% do tempo o cliente deve estar falando, e apenas 20% do tempo você deve falar. Usar perguntas efetivas é um modo para ter certeza de que isso é verdade. Há todos os tipos de perguntas que você pode fazer para controlar o foco de alguém – seu ou o do cliente – e então os sentimentos que eles estão tendo. Lembre-se, você sempre está vendo sentimentos ou estados de qualquer maneira. Perguntas como, "O que é quase certo agora que o faz mais feliz?" "Por que isso o faz feliz?" "Como isso lhe faz sentir?" são todas projetadas para fazer alguém sentir na verdade certas emoções. Lembre-se, qualquer coisa que o prospecto vai tomar decisões será avaliado por esses sentimentos ou emoções.

Os seres humanos sempre estão avaliando duas perguntas: "O que significará isto para mim?" e "O que vou eu fazer?" Na realidade, nossas vidas inteiras são um resultado das perguntas que nós fazemos para nós mesmos em base diária. Para tudo o que você pergunta, você adquirirá uma resposta. Isso é excitante, e é um desafio. Se você fizer perguntas ruins, você adquire respostas ruins.

Seu cérebro achará uma resposta a qualquer pergunta que você lhe faça. Se você perguntar, "Por que eu sou tão estúpido?" e você mantém, fazendo-se aquela pergunta, seu cérebro proporá todas as razões as quais você é estúpido, até mesmo se você não for. Se você pergunta, "Como pode eu ter que fazer isto?" seu cérebro proporá as razões pelas quais você tem que fazer isto, e simplesmente lhe fará se sentir mais bravo.

Uma melhor pergunta poderia ser, "Como eu posso conseguir concluir o trabalho e ainda assim poder desfrutar do processo?" assim você não sabe apenas o porquê você tem que fazer isto, você entende como fazer isto e o desfruta. "Pergunte e você receberá".

A qualidade de sua vida é a qualidade das perguntas que você se faz. Para tudo o que você pergunta, você receberá uma resposta. Se você fizer perguntas ruins, você se sentirá ruim; se você se fizer grandes perguntas, você sentirá grande. Você precisa descobrir as perguntas habituais que o põe em estados negativos e os misturar ou os reformular em palavras assim você pode desfrutar do processo.

Por exemplo, em perguntas como: "Como pode eu ter que fazer isto?" – mude a palavra "tenho que" para "quero". Uma pergunta mais energizante poderia ser: "Como eu posso pegar o que está acontecendo aqui e experimentar um propósito até mais profundo disto em minha própria vida?" Outra poderia ser "Eu desejo saber quem esta pessoa realmente é? Eu desejo saber como aprofundar uma amizade que eu desenvolverei com este prospecto?"

Quais são as perguntas limitantes que você usou tradicionalmente no processo de venda? Se você tivesse um dia duro, qual seriam algumas perguntas excelentes que você poderia usar para se pôr em um estado melhor?

Algumas perguntas energizantes que você pode se perguntar:

— Como eu posso tirar mais disto?

— Como eu posso me tornar melhor agora mesmo nisto?

— Quantas indicações ele vai me dar?

O Poder da Influência: A Psicologia dos Mestres Persuasivos

— Como eu posso fazer para o prospecto ser meu amigo?

— O que eu desejo saber o sobre o que realmente é a vida desta pessoa?

Padrões elegantes são um modo para constantemente condicionar nossas mentes de forma que nós focalizemos na direção que nós gostamos, em vez de modos que nos limitem.

Desenvolva um ritual de resultados, um ritual diário para administração do estado. Você não exercita uma vez e então diga, "Menino, eu sei que eu serei ajustado fisicamente agora para o resto de minha vida!" Você tem que fazer isto diariamente. A cada manhã faça seu ritual de resultados, PSF:

1. Umas séries de **P**erguntas para o pôr em um peak state (*veja a próxima página*).
2. Padrões **S**wish para se programar e condicionar sua mente para se mudar para a direção que apóie seu sucesso.
3. Faça umas séries de movimentos **F**ísicos (padrões de respiração, aeróbica facial, movimentos físicos) que ponham seu corpo, mente, e emoções no ápice.

Uma versão abreviada destes rituais é **PSF**: **P**erguntas, padrão **S**wish, e **F**isiologia.

PERGUNTAS DE PODER MATUTINAS

(Ascenda com 2 ou 3 respostas para cada uma destas perguntas e se sinta completamente associado. Se você tiver dificuldades em descobrir uma resposta, simplesmente some a palavra "pode". Exemplo: Pelo que eu poderia estar muito feliz em minha vida agora?)

- **Pelo que sou feliz em minha vida agora?**
    a. O que me faz feliz? Como isso me faz sentir?
- **Pelo que eu me sinto eufórico em minha vida agora?**
    a. O que me torna eufórico? Como isso me faz sentir?
- **Pelo que eu me sinto orgulhoso em minha vida agora?**
    a. O que me deixa orgulhoso? Como isso me faz sentir?
- **Pelo que eu me sinto grato em minha vida agora?**
    a. O que me deixa grato? Como isso me faz sentir?
- **O que eu mais desfruto em minha vida agora?**
    a. O que eu desfruto? Como isso me faz sentir?
- **Pelo que eu me empenho em minha vida agora?**
    a. O que eu me empenho a fazer? Como isso me faz sentir?
- **Quem eu amo? Quem eu ama?**
    a. O que me faz amar? Como isso me faz sentir?

FAZENDO O PADRÃO SWISH:

1. Crie um quadro do hábito ou situação que você gostaria de mudar.
2. Crie um quadro do tipo de pessoa que você gostaria de ser.
3. Volte ao quadro antigo (#1). AGORA ENTRE NO QUADRO, completamente associado.
4. Agora insira no canto inferior da mão direita, um pequeno quadro, escuro do estado desejado.
5. Faça o pequeno quadro crescer mais, mais e mais e luminoso e penetre completamente o quadro antigo (#1). Isto deve ser acompanhado por um som **WHOOOOSSSH!!!!** interno ou externo.
6. Repita #5 um mínimo de 5 a 10 vezes. Desfrute os resultados!
7. *LEMBRE-SE DESTAS NOTAS:*
    a. Esteja *completamente associado* no padrão antigo (figura #1).
    b. Faça um detalhamento específico das representações sensoriais (o que você vê, ouve e sente) no estado desejado.
    c. Feche os olhos durante cada swish, saboreando completamente os novos sentimentos associados ao novo quadro. Abra os olhos entre cada swish.

LEMBRE-SE: Faça os swishes rápidos, tanto quanto você demorar para dizer, **WHOOOSSSH!!!!**

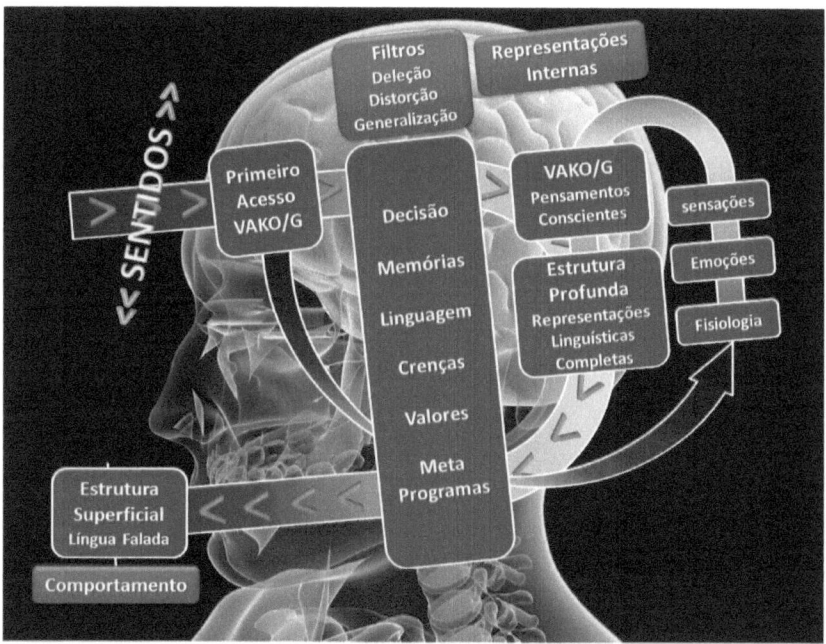

Perguntas controlam seu foco, e você pode controlar o foco do cliente. Sempre que você faz uma pergunta ao seu cliente, ou eles lhe dizem que eles querem fazer algo, descubra por que eles querem fazer isto. O porquê atrás do comportamento deles é a verdadeira motivação que os faz comprar, tentar, e fazer qualquer coisa.

O PODER DA INFLUÊNCIA: A PSICOLOGIA DOS MESTRES PERSUASIVOS

5 PERGUNTAS PARA INTEGRAÇÃO E DOMÍNIO

As distinções mais importantes que eu preciso me lembrar desta sessão são:
_____
_____
_____
_____
_____
_____

Eu posso e usarei as distinções, estratégias, ou ferramentas em meu negócio das seguintes maneiras:
_____
_____
_____
_____
_____
_____
_____
_____

Eu posso e usarei o que eu aprendi nesta sessão em minha vida pessoal por:
_____
_____
_____
_____
_____
_____

Durante pelo menos os próximos 7 dias eu me comprometerei com:
_____
_____
_____
_____
_____
_____

A razão pela qual eu me comprometo a isto é porque me dará ou criará:
_____
_____
_____
_____
_____
_____

PALAVRAS-CHAVES E PONTOS DE GATILHOS

Não ter razões constrangedoras significa fracasso, convicções limitantes significa fracasso, inabilidade para administrar seu estado significa fracasso. Sucesso é: razões constrangedoras para jogar, convicções energizantes, e estado.

Três questões chaves:

1. **Achar o interesse de uma pessoa**, pergunte no qual elas estão interessadas.
2. **Descobrir a motivação de uma pessoa**, pergunte por que elas estão interessadas.
3. **Pôr uma pessoa num estado**, pergunte "Como isso lhe faz sentir?"

> *"Os maiores equívocos que um homem pode fazer é ter medo de fazer um."*
>
> *- Elbert Hubbart*

PARTE III: OS 10 PASSOS PARA MAESTRIA EM VENDAS!

Os 10 Passos Para Maestria Em Vendas!

Nós acabamos de criar uma tremenda fundação. Nós estudamos o que faz as pessoas comprar, agora nós sabemos o que é. As pessoas realmente compram estados, e seu trabalho e o meu é ser um motivador efetivo – alguém que encontra um real desejo e o acende. Nós passamos muito tempo aprendendo a nos persuadir de forma que nós possamos persuadir aos outros dentro um profundo e impecável modo.

A real pergunta agora é, "Como nós levamos todas estas idéias individuais e as organizamos em uma ordem que faz sentido?" Nós queremos criar algo que você possa fazer isso de forma fácil, rápida e constantemente. A idéia de uma sintaxe é uma distinção importante para fazer quando você estiver modelando as pessoas prósperas. Você não quer fazer o que eles fazem, você quer fazer o que eles fazem na ordem que eles fazem isto. Se você conhece todos os elementos certos, mas você os reúne na ordem e sucessão errada, você não adquirirá o mesmo resultado. Nós pegamos o que você aprendeu, e colocamos isto em ordem e fazemos algumas distinções. Façamos isso agora!

AS TRÊS FASES DA MAESTRIA EM VENDAS

1. *EMPENHE!*
   a. *PREPARE.*
   b. *LIGUE!*
   c. *ESTABELEÇA CONTATO.*
   d. *CONECTE*
   e. *CRIE INTERESSE.*
2. **OS ASSOCIE!**
   a. Os qualifique: SONDE os problemas e DOMÍNIE a lesão.
   b. CC & TF: Crie CONVICÇÃO (que você pode resolver os problemas deles) e TESTE FINAL.
3. **OS COMPILA!**
   a. Torne REAL (crie um senso de urgência) e ASSUMA a venda.
   b. Converta as objeções em COMPROMISSOS!
   c. Torne FÁCIL e crie um FUTURO!

FASE 1 - EMPENHE-OS!

Charton Baggio Scheneider

Passo Um - Prepare! & Faça Sua Lição De Casa!

Quão preparado você realmente está quando você entra para fazer uma apresentação? Quanto você realmente sabe com antecedência de seu cliente? Eu acredito que a "relutância pelo telefone" é principalmente o resultado de não estar completamente preparado. Pense nisto – você alguma ver teve uma reunião montada com um cliente que você realmente sentia que conhecia bem? Você não ficou excitado para conhecê-lo? O que aconteceria se você entrasse como um "peru de fora" sem qualquer preparação? Isso criaria ansiedade para qualquer um. O propósito deste programa é lhe oferecer passos simples para estar preparado, de forma que a qualquer hora que você se encontre com um prospecto você se sinta confiante e forte em sua habilidade para satisfazer as suas necessidades.

Relutância por ligar acontece quando você não sabe por que você está ligando, ou quais são as necessidades deles, e, por conseguinte há medo do desconhecido. Quanto mais você sabe, mais poder que você tem.

Falta de preparação causa relutância em telefonar por que:
- Você não sabe **POR QUE** é que você está ligando.
- Você não sabe quais são as **OBJEÇÕES**.
- Você não sabe **CONTROLAR** as objeções.

OS SEIS FUNDAMENTOS DA PREPARAÇÃO

1. Saber absolutamente quem é o cliente e **SE ANTECIPAR** sobre quais são as necessidades deles e como você pode as **CUMPRIR**. Prepare-se com antecedência suficientes razões "devo", suficientes desejos, e suficientes justificativas para eles comprarem. Lembre-se, quanto mais seu produto vale mais justificativas uma pessoa precisará. Além disso, se você

não consegue escolher seu cliente e você está em uma situação de varejo, você ainda pode saber os tipos de clientes que lhe ligam e quais são as necessidades deles para as antecipar.
   a. Procure saber **QUEM SÃO ELES**.
   b. Faça **PERGUNTAS**.
   c. Obtenha **INDICAÇÕES**.
   d. Obtenha informações de **OUTRAS FONTES**.
   e. Ponha-se em **ESTADO**.
   f. Ponha o cliente em **ESTADO**.
2. Tenha certeza absoluta que você conhece seu **PRÓRPIO PRODUTO** e as **VANTAGENS** e **BENEFÍCIOS** que ele tem. Saber todas as vantagens e benefícios que seu produto provê assim você estará pronto para satisfazer qualquer necessidade que surgir. Por exemplo, se você for um agente de bens imóveis, saiba quais são as propriedades na área. Se você for um vendedor de computador, saiba demonstrar um software, não apenas saiba decorrer sobre o hardware.
3. **Conheça seus COMPETIDORES.** Saiba sobre sua concorrência e suas vantagens sobre elas. Nunca ataque um concorrente aos olhos do cliente. Nunca ataque a concorrência na frente de seu cliente.
4. Saiba todas as **OBJEÇÕES** potenciais que podem surgir sobre seu produto ou serviço e transforme as suas **RESPOSTAS** em **VANTAGEM**.

   Saiba todas as possíveis objeções que o prospecto possa ter e esteja pronto com respostas para respostas como... "Eu preciso refletir sobre isto", "Custa muito", "Eu não tenho nenhuma necessidade", "Eu não tenho dinheiro". Lembre-se de Marty Shaffroff, o vendedor número da Lehamn Brothers e o vendedor número um de ações nos EUA, poderia obter cinco "não" e o processo de vendas ainda nem mesmo tinha começado. Também lembre-se, quando a pessoa disser "não" a você, estas objeções começam o processo de reciprocidade.

   Seja efetivo em sua entrega.
   - "Eu preciso refletir sobre isto."
   - "Eu não tenho necessidade."
   - "Eu não tenho dinheiro."
5. Espere o **MELHOR** e **PREPARE-SE** para o pior. Ensaie a venda com antecedência. Tenha um plano de administração de tempo baseado em antecipação de compromissos cancelados onde você já está preparado. Lembre-se, realização espetacular sempre é precedida através de preparação incansável, e o que você pratica no privado você será recompensado em público.

6. **Crie DEMANDA com antecedência.** Marketing é a arte de criar o condicionamento no qual o comprador se auto-convence... lembre-se dos *Germezian Brothers* e o centro comercial deles. **Valor é o que é percebido para ser (cartões de beisebol e ações).** Escassez faz as coisas mais valiosas.
   - Crie a condição onde o comprador se convença.
   - Escassez faz as coisas mais valiosas.
   - Os irmãos Germezain e o seu centro comercial.

   Que recursos você poderia usar para descobrir mais rapidamente sobre seus clientes? Indicações seriam uma fonte óbvia. Que outras fontes adicionais você tem? **Um dos elementos fundamentais para descobrir sobre alguém que você vai falar é descobrir o que outras pessoas gostam sobre ele/ela.** Descubra de outros que benefícios eles pensam que esta pessoa poderia obter do uso de seu produto. Quais são as possíveis objeções? Quais são as três vantagens que você tem sobre sua concorrência mais acirrada que você poderia comunicar com congruência?

   Crie um banco de prospectos! Uma das maiores razões para relutância a ligar é por que as pessoas sentem que se elas forem fazer uma ligação e elas falharem, elas estarão em grande dificuldade, eles estarão se queimando. Uma das soluções mais simples para isto é preparar-se efetivamente, colecionando uma lista enorme de prospectos potenciais que você pode ligar, além de qualquer coisa que você poderia gastar em uma semana ou no período de um mês. Ponha isto em um caderno ou banco de prospectos. Então, quando você for fazer suas ligações, você não só terá tempo com antecedência para estudar um pouco sobre quem você está ligando e preparar-se para eles em termos de como comunicar suas idéias, mas também (e talvez ainda mais importante) você terá muito pouco medo de falhar e de perder a dianteira. Você sabe que se esta chamada não funcionar, você tem outras mais donde este veio. Isto lhe dá um senso de segurança e força quando você está ligando, de forma que quando você falar com alguém, seu foco esteja em como os persuadir em vez de em seus medos.

   Depois que você reunir seu banco, o próximo passo é fazer uma lista de todas as objeções fundamentais que você ouve sobre um período regular de tempo – uma semana ou um mês – e, tirar de sua cabeça, e levar para o papel as contestações do prospecto e ensaiar suas respostas controlando essas objeções até que você se sinta totalmente confiante. Agora você estará verdadeiramente preparado.

O Poder da Influência: A Psicologia dos Mestres Persuasivos

Prospect	Telefone	Prospect	Telefone

Quais são as três maiores objeções comuns que você ouve? Quais são as respostas efetivas que você pode dar? Ensaie-as mais e mais como lição de casa até que você possa lhes responder sem excitação com poder e congruência. Além disso, pergunte-se, "Como eu posso criar mais demanda antes de eu oferecer meu produto?"

Objeções Comuns:

1. _____
_____
_____
2. _____
_____
_____
3. _____
_____
_____

Respostas Efetivas:

1. _____
_____
_____

2.

3.

Como eu posso criar mais demanda antes de eu oferecer meu produto?

5 PERGUNTAS PARA INTEGRAÇÃO E DOMÍNIO

As distinções mais importantes que eu preciso me lembrar desta sessão são:

Eu posso e usarei as distinções, estratégias, ou ferramentas em meu negócio das seguintes maneiras:

O Poder da Influência: A Psicologia dos Mestres Persuasivos

Eu posso e usarei o que eu aprendi nesta sessão em minha vida pessoal por:
_____
_____
_____
_____
_____
_____

Durante pelo menos os próximos 7 dias eu me comprometerei com:
_____
_____
_____
_____
_____
_____

A razão pela qual eu me comprometo a isto é porque me dará ou criará:
_____
_____
_____
_____
_____
_____
_____
_____
_____
_____

Charton Baggio Scheneider

PALAVRAS-CHAVES E PONTOS DE GATILHOS

- Conheça seus clientes e se antecipe ao por que eles têm que comprar seu produto agora.
- Prepare com antecedência suficientes razões "devo".
- Saiba todas as vantagens e benefícios que seu produto provê.
- Saiba sobre sua concorrência e suas vantagens sobre ela.
- Saiba todas as possíveis objeções que o prospecto pode ter e esteja pronto com suas respostas.
- Espere o melhor e prepare-se para o pior.
- Crie uma demanda com antecedência.
- Nunca faça uma ligação fria novamente. A filosofia de Harvey Mackay do MacKay 66.
- Fontes de informação –
  1. Amigo chave ou sócios.
  2. Jornais.
  3. Clubes ou entidades de classe.
  4. Relatório anual.
  5. Corretor de títulos, banqueiro, advogado, contador, ou provedores.
  6. Quem é Quem.

"Planejando é trazer o futuro para o presente de forma que você possa fazer algo agora sobre ele."

- Alan Lakein

Passo Dois - Ligue-Se!

Para adquirir desempenho máximo nós temos que estar em um estado máximo (*peak state*). Às vezes as pessoas poderosas não produzem os resultados que elas querem porque elas não administraram os seus próprios estados emocionais. Todo o comportamento humano é o resultado do estado que nós estamos naquele momento. O propósito desta seção é prepará-lo para desenvolver um hábito de avaliar a qualidade de seu estado para que você antes de falar com um cliente maximize seu desempenho.

Volte-se para meios para se pôr em **PEAK STATE** que realmente possam produzir os resultados que você quer. Alta performance vem de estar em **PEAK STATE**!

O problema com não estar num *peak state* é:

- Vender é transferência de **EMOÇÕES**.
- Estados negativos **CORTAM** a habilidades e perícia.
- Você **ASSOCIA** seu sentimento a seu produto ou serviço.

Se você vai ser efetivo quando você se reunir com o cliente, você precisa se pôr em um estado que esteja **ALÉM** de onde você precisa estar, quando você relaxar, você estará no nível 9. Use uma escala de 1 à 10 para medir o nível ou a qualidade de seu estado conscientemente.

Ponha-se, ou ponha outra pessoa, usando âncoras, em um estado onde o corpo inteiro dela seja envolvido e naquele momento você faz algo **ÍMPAR, CONSISTENTEMENTE**! Ponha-se num **ESTADO PODEROSO** que quando você relaxar você esteja no nível 9.

A diferença entre um profissional e um amador é a sua habilidade para **ADMINISTRAR** o seu **ESTADO**! Se você estiver **LIGADO**, você vai poder **INFLUENCIAR** as outras pessoas.

Quanto eu perdi nos últimos três anos porque eu não me pus constantemente em *peak state*? Quanto me custou emocionalmente nos últimos três anos não administrar meu estado constantemente?

1. Alta performance vem de estar em um peak state. Saiba se ancorar para o sucesso. De agora em diante, crie uma palavra que o trará a um estado de cume e associe isso com uma âncora, como a palavra "YES!"
2. Tire um momento para medir o nível ou qualidade de seu estado conscientemente, você pode aumentar seu desempenho imediatamente usando esta consciência e fazendo mudanças simples em seu estado. Usando uma escala de 1 a 10 é mais efetivo dizer que eu "Estou pronto ou eu não estou?" – a vida não é apenas preto e branco.

A seguir lhe apresento um exercício para **Criar Paixão:** Um dos estados emocionais mais poderosos de se pôr para ser efetivo como um persuasor, é o estado de paixão. Este exercício lhe dará a avaliação de qualidade de como conseguir que você se sinta apaixonado imediatamente em qualquer situação mudando sua fisiologia de um modo específico.

Exercício: fique em frente de seu parceiro e decida quem é A e quem é B.

Durante 2-3 minutos, A fala com B sobre seu produto ou serviço, mas em um estado desapaixonado e incongruente. A pessoa B irá tomar nota e observar como ela se sente durante esta apresentação e quais são alguns modos específicos que a pessoa A está usando o seu corpo (i.e., posição, postura, gestos, expressão facial, etc.) e voz enquanto ela está sendo imparcial.

Depois de 3 minutos, A pára, muda radicalmente seu discurso, e fica absolutamente apaixonado e correspondente na apresentação do valor do seu produto. A pessoa B irá novamente observar, como ele/ela está se sentindo durante a apresentação (i.e., a diferença) e como especificamente a pessoa A está usando a sua fisiologia e sua voz diferentemente.

Depois de 2-3 minutos de apresentação apaixonada a pessoa A pára, e B cede a A 1 ½ minuto de feedback de qualidade sobre as diferenças precisas de como A usou o seu corpo ou voz quando imparcial vs. apaixonado, e a diferença dos modos como isto afetou como B se sentia ou seu estado. O propósito deste exercício é para que a pessoa A saiba quais são os diversos movimentos específico que ela pode fazer para criar paixão interna quando ela se mudar para aquele modo específico.

A e B trocam de papéis e repetem o exercício.

A estratégia mais efetiva para alta performance é se empurrar para desenvolver um gatilho para romper um estado de paixão absoluta, energia, e compromisso em nível doze, de forma que você relaxe num nível nove ou dez. Lembre-se, toda vez que você está em frente do cliente, o seu estado e os sentimentos que você está experimentando afetam o cliente. Se nós não nos ligarmos, nós começaremos a refletir os sentimentos do cliente em vez de nossos sentimentos. O persuasor profissional produz e cria um nível de sentir e certeza dentro dele que é infeccioso. O modo para realizar isto é:

Você precisa desenvolver um ritual de resultados – um modo de se ligar para adquirir os resultados que você quer.

1. **Mude radicalmente sua fisiologia usando a âncora "YES!"** e batendo palmas.
2. Você também pode **usar afirmações**. Afirmações no pensamento são inúteis. A fisiologia que você se põe enquanto você faz a declaração é o que dá a ele o poder. Eu uso esta afirmação constantemente a vários anos, com intensidade poderosa e emoção. É algo que se oferece para se chicotear num estado de poder e certeza e saber que você estará dando muito à pessoa que você está falando, e sabendo que eles quererão lhe ouvir a mensagem.
3. **Use o método de PSF** – Perguntas, padrão Swish, e método de mudança da Fisiologia. Isto é algo que você pode usar diariamente e a qualquer hora que você esteja a caminho.
4.

A AFIRMAÇÃO DE CHARTON

"EU AGORA COMANDO MINHA MENTE SUBCONSCIENTE PARA EU AJUDAR DIRETAMENTE ESTA PESSOA HOJE A MELHORAR A SUA VIDA, ME DANDO A FORÇA, A EMOÇÃO, A PERSUASÃO, O HUMOR, A BREVIDADE, TUDO QUE O QUE FOR PRECIOSO, PARA MOSTRAR PARA ESTA PESSOA E CONQUISTAR ESTA PESSOA *(COMPRAR MEU PRODUTO, INVISTIR EM MEU PRODUTO)* DE FORMA QUE ELAS POSSAM EXPERIMENTAR TODOS OS BENEFÍCIOS QUE ELAS VERDADEIRAMENTE DESEJAM E MERECEM. EU FAREI TUDO O QUE FOR NECESSÁRIO E EU TEREI SUCESSO EM AS AJUDAR A TOMAR ESTA DECISÃO POSITIVAMENTE AGORA."

Charton Baggio Scheneider

PERGUNTAS CRÍTICAS SOBRE LIGAR-SE E SEU IMPACTO

(Responda estas perguntas agora – não as passe)

Você mede seu estado constantemente de um modo preciso antes de você ir ver um cliente? ___

Se a resposta é "não", quanto dinheiro você perdeu nos últimos três anos porque você não administrou seu estado constantemente? Não exagere, e não subestime, inclua ligações que você não fez e vendas que você nunca alcançou. Inclua ligações que você fez, mas não estava em seu estado mais poderoso para fechar, inclusive callbacks omitidos a você e seguimento que você não fez. Quanto é o total que você perdeu? _____
_____

Quanto custou emocionalmente a você em frustração adicional, pesar, raiva, transtorno, e baixo amor-próprio não administrar seu estado durante os últimos três anos? Qual foi o custo emocional para você? _____
_____
_____
_____

Se você continuar durante os próximos cinco anos a não administrar seu estado, qual será o custo? Como você se sentirá sobre você? _____
_____
_____
_____

Se você fosse utilizar o que você está aprendendo aqui agora e constantemente administrado seu estado constantemente – mudando sua fisiologia. Com as perguntas que você se faz, sua respiração, seus movimentos, etc. – corrigindo antes de uma reunião com os clientes, como você se sentirá sobre você durante os próximos três anos? Se você fizesse isso constantemente toda vez antes de você se encontrar com seu cliente, o que irá acontecer com vai carreira? Quanto dinheiro você ganharia? Quanto você se divertiria? _____
_____
_____
_____
_____
_____

O medidor de humor é projetado para você para poder localizar seus estados emocionais. No topo do medidor de humor você pode escrever a data e tempo de uma documentação particular: é muito subjetivo, mas é um modo agradável para observar onde você está. Aqui está um exercício – você tem estado relutante em ligar, pare e faça uma nota do tempo e data, ponha uma marca em seu medidor de humor donde você está, então se levante, mude sua fisiologia, faça

O Poder da Influência: A Psicologia dos Mestres Persuasivos

umas série de padrões swish, e lhe faça algumas perguntas efetivas. Então novamente marque onde você está no medidor de humor. Você verá uma diferença chave – um grande modo para notar sua habilidade para mudar seu estado. Sucesso não é o processo de nunca se sentir para baixo – é o processo de administrar seus estados e obter seu produto pela qualidade do trabalho que você está comprometido em sua vida.

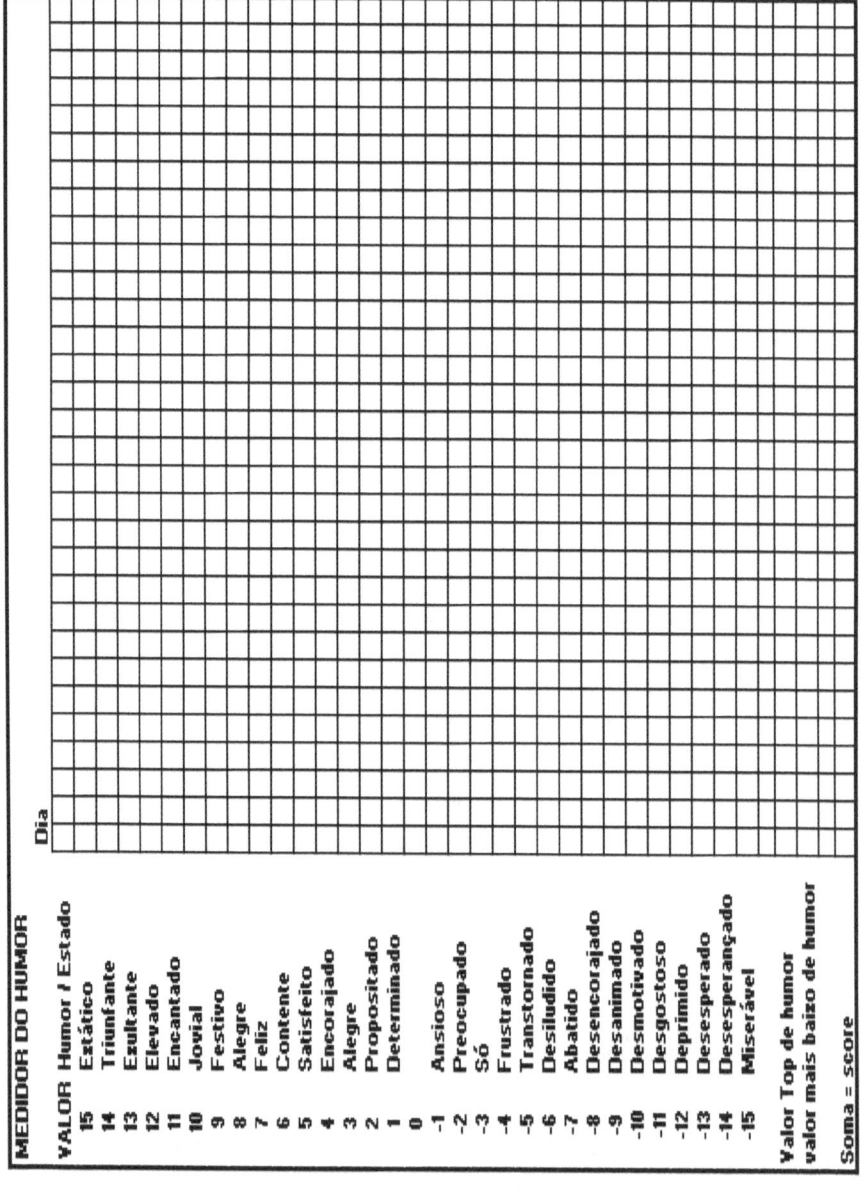

Charton Baggio Scheneider

5 PERGUNTAS PARA INTEGRAÇÃO E DOMÍNIO

As distinções mais importantes que eu preciso me lembrar desta sessão são:
_____
_____
_____
_____
_____

Eu posso e usarei as distinções, estratégias, ou ferramentas em meu negócio das seguintes maneiras:
_____
_____
_____
_____
_____
_____
_____
_____

Eu posso e usarei o que eu aprendi nesta sessão em minha vida pessoal por:
_____
_____
_____
_____
_____
_____

Durante pelo menos os próximos 7 dias eu me comprometerei com:
_____
_____
_____
_____
_____
_____

A razão pela qual eu me comprometo a isto é porque me dará ou criará:
_____
_____
_____
_____
_____
_____
_____

PALAVRAS-CHAVES E PONTOS DE GATILHOS

- Âncora "YES!"
- Nível 12!
- Congruência.
- Custo de não administrar seu estado.
- Recompensa de administrar constantemente.
- Alta performance.
- Peak state.

"Só você pode se manter, só você pode se levantar de seu próprio modo... Só você pode se ajudar."

- Mikhail Strabo

Passo Três - Estabeleça Contato & Adquira A Sua Atenção!

SESSÃO 1 - QUANTO MAIS VOCÊ FAZ, MAIS VOCÊ FAZ!

Muitos profissionais de vendas estão bem preparados e ligados, mas eles nunca fazem qualquer coisa. Uma venda obviamente só acontece quando nós estabelecermos contato. Nenhuma venda vai acontecer até que você esteja olho a olho ou pelo menos orelha a orelha com o prospecto. Porém, uma vez mais não é o bastante apenas estabelecer contato.

O propósito desta sessão é dar alguns modos específicos para agarrar a atenção dos prospectos imediatamente assim você pode começar a mantê-los interessados, ouvindo sua apresentação.

A diferença fundamental entre as pessoas que ganham um quarto de um milhão de dólares e as que ganham $40,000 ou menos por ano é o estilo de prospectar delas.

A diferença primária que as pessoas de êxito têm é como fazem isto! E elas fazem isto diariamente. Elas fazem isto maciçamente e elas desfrutam isto! Elas têm uma meta específica para cada dia para o número de ligações que elas vão fazer, mais um número mínimo de metas semanais de prospectar.

A primeira distinção que você achará em pessoas que não estão tendo sucesso tanto quanto elas queriam é que elas simplesmente não estão falando com suficientes pessoas para se pôr bom, muito menos para fazer um número grande de vendas.

Há algo para ser dito para a lei de médias... se tudo que você obtete como resultado deste curso for dobrar o número de ligações para prospectar que você fez, sua renda sairia pelo ladrão e assim aconteceria com sua habilidade.

Além disso, estes persuasores top agarram a atenção das pessoas com as quais eles estabelecem contato assim eles fazem um impacto mais profundo que a pessoa comum. Fazendo ligações constantemente eles experimentam sinergia.

Estabeleça contato e adquira a sua atenção.

Modos para adquirir a atenção do cliente:

- Faça **PERGUNTAS**.
- Faça uma **REIVINDICAÇÃO GRANDE E GORDA**.

AS CINCO CHAVES PARA ESTABELECER CONTATO:

1. Tenha um número mínimo de chamadas que você fará diariamente. Tem que ser **ESPECÍFICO** e tem que ser diariamente!
2. Seja criativo, seja brincalhão, divirta-se, seja **ULTRAJANTE**!
3. Tenha certeza que você tem um **PLANO** para o que você vai dizer.
4. Obtenha **INDICAÇÕES**. Sempre que você faz um contato peça por indicações. *"Peça e receberás."*
5. Faça **MACIÇAMENTE**! Ação volumosa é uma panacéia!

ESTABELEÇA CONTATO E ADQUIRA A SUA ATENÇÃO.

O que pára a maioria das pessoas em estabelecer contato?

1. Elas não estão **PREPARADAS**.
2. Elas não estão num **ESTADO POSITIVO**.
3. Você ser uma **INTERRUPÇÃO**.

Não pense a curto prazo, *pense a longo prazo.*

Não importa qual seja a situação, você será uma interrupção até que você obtenha a **ATENÇÃO** deles.

Eu não sou um vendedor, eu sou um **INDUTOR DE ESTADOS**!

CINCO ELEMENTOS CHAVES:

1. **Tenha certeza de que você faz ligações de prospecção diariamente.** Desenvolva o hábito de fazer mais ligações que você quer se antecipar, e faça isto a cada dia ou pelo menos em dias específicos durante a semana.
2. **Seja criativo, assim você não ficará enfadado.** Faça isto divertido e brincalhão assim se torna algo que você pode olhar adiante.
3. **Tenha certeza que você tem um plano consistente para o que você vai dizer** quando você localizar uma pessoa. Seja congruente e efetivo e esteja preparado. Então você não tem que pensar no que fazer uma vez que os alcança. Você será congruente e efetivo.
4. **Peça indicações para todo contato,** mesmo que eles não comprem. Como resultado, toda ligação que você faz ainda será uma oportunidade para você ter uma venda. Lembre-se, uma indicação vale quinze ligações fria.
5. **Faça maciçamente.** Ação volumosa é uma panacéia. *Ame isto!* O que pára as pessoas de estabelecer contatos?
   a. Elas não estão preparadas, e assim elas têm medo.
   b. Elas não estão em estado – elas são frustradas ou cansadas ou fracassadas.
   c. "Pessoas não têm o tempo" – "Eu estou sendo interruptivo." As pessoas sempre têm tempo se você for suficientemente interessante, e você só estará interrompendo até que você adquire a atenção deles.

Os dez modos para obter a atenção das pessoas:

SCREAM PIGS

1. **S**   SORRISO
2. **C**   CONSAGRE/ELOGIOS
3. **R**   RECOMENDAÇÃO/INDICAÇÃO
4. **E**   EXIBIÇÃO
5. **A**   ATUE COM PERGUNTAS DIRECIONADAS
6. **M**   MISTÉRIO
7. **P**   PROMESSA
8. **I**   INFORMAÇÃO
9. **G**   GENTILEZA/PRESENTE
10. **S**   SURPREENDA

O Poder da Influência: A Psicologia dos Mestres Persuasivos

O modo para obter a atenção de alguém é fazer uma reivindicação gorda e grande sobre o que você sabe que pode apoiar depois. Um exemplo de obter a atenção de alguém seria, "Senhor, nós estamos entrando em sua companhia e podemos por muito dinheiro em seu bolso se você quiser ouvir falar das possibilidades certamente, não vai?" ou... "Se houver um modo de você parar de perder tanto calor e então dinheiro de sua casa, você provavelmente irá querer saber sobre isto, não é?"

Projete pelo menos um modo de usar cada um dos dez obtentores de atenção do **SCREAM PIGS** com seu produto específico agora.

1. SORRISO _____
_____

2. CONSAGRE/ELOGIO _____
_____

3. RECOMENDAÇÃO/INDICAÇÃO _____
_____

4. EXIBIÇÃO _____
_____

5. ATUE COM PERGUNTAS DIRECIONADAS _____
_____

6. MISTÉRIO _____
_____

7. PROMESSA _____
_____

8. INFORMAÇÃO _____
_____

9. GENTILEZA/PRESENTE _____
_____

10. SURPREENDA _____
_____

Assim, aqui está seu exercício:

Agora mesmo crie uma nova descrição do que você faz para agarraria a atenção das pessoas e crie um gancho para despertar a curiosidade delas. Discuta suas novas idéias com seus parceiros e outros participantes.

Obtenha algum feedback de seu grupo.

_____
_____
_____
_____
_____
_____

Comprometa-se durante os próximos sete dias de perguntar pelo menos para cinco pessoas por dia o que eles fazem. O que isto fará?

1. Eles dirão a você e você obterá o interesse delas porque você estará falando sobre o assunto mais importante para elas. E tenha certeza de que você está sendo sincero em querer saber o que eles fazem.
2. Uma vez que você for realmente sincero e fizer isto, você terá induzido reciprocidade e eles terão que lhe perguntar, "O que faz você?" Então você terá um modo para prender a atenção delas, assim elas realmente irão querer ouvir falar quem você é e o qual é seu produto e serviços.

CONTE OS PONTOS!

Com que freqüência usa você cada dos elementos de PORCOS de GRITO? Use o quadro debaixo de cada dia durante duas semanas marcarem quantas vezes você usa sorrisos, elogios, indicações, exibições, perguntando, mistério, apuração, informação, presentes, e começando seus prospectos.

FERRAMENTA	S	T	Q	Q	S	S	T	Q	Q	S
1. SORRISO										
2. CONSAGRE										
3. RECOMENDAÇÃO										
4. EXIBIÇÃO										
5. PERGUNTE										
6. MISTÉRIO										
7. PROMESSA										
8. INFORMAÇÃO										
9. GENTILEZA										
10. SURPREENDA										

Como Agarrar Atenção de Alguém de um Modo Não Ameaçador

Se alguém lhe pergunta o que você faz para viver, o que você normalmente diz? Você diz, "Eu sou um vendedor?" "Eu sou um vendedor de seguros?" "Eu sou um vendedor de imóveis?" "Eu sou um corretor de valores?" O desafio em responder perguntas deste modo é dobrado:

1. Você arrisca o perigo (na realidade, a probabilidade) de que estas pessoas já preconceberam noções sobre que é um vendedor, ou corretor de títulos, ou um vendedor de imóveis é. E como você e eu conhecemos ambos, muitas vezes as associações deles são tudo menos lisonjeantes.

2. Raramente agarra a atenção de alguém. Raramente alguém irá dizer, "Você é um vendedor de bens imóveis! Me fale tudo sobre imóveis!" ou para um vendedor de seguro, "Me diga tudo sobre seguro." Isso normalmente é a exceção, não a regra.

Então, um simples, divertido e efetivo modo para prospectar e estabelecer contato com as pessoas que é totalmente não ameaçador é fazer o seguinte. **Desenvolva uma nova descrição para você que agarre a atenção da pessoas e desperte a sua curiosidade.**

Por exemplo: Um quiroprata descobriu há muito tempo que quando as pessoas perguntavam o que ele fazia e ele dizia, "quiroprata", eles imediatamente o associavam ao que eles pensavam que era um quiroprata. Se fosse negativo, eles se sentiam negativos, e se fosse positivo, eles se sentiam positivos. Ele ao invés decidiu despertar a curiosidade deles. Agora quando as pessoas lhe perguntam o que ele faz, ele diz, "Eu sou um eletricista. Eu sou um eletricista do corpo humano." As pessoas normalmente ficam bastante curiosas, olham para ele de forma engraçada e dizem, o que exatamente significa isso?" Ele começa a descrever o que ele faz para ajudar as pessoas em detalhes, e ao término da descrição ele lhes dizem que ele é um quiroprata. Neste ponto eles são escravizados e estão excitados e interessados.

Outro exemplo: Quando um vendedor de imóveis extremamente próspero é perguntado, "O que você faz?" ele diz, "Eu sou um conselheiro. Eu ajudo as pessoas a tomarem uma das decisões mais importantes das suas vidas – Onde elas vão viver e como ter certeza que onde eles vivem cria um retorno financeiro para criar segurança para toda a sua vida." Isso é um pequeno diferente de dizer, "Eu sou um vendedor de imóveis", não é?

Um dos mais prósperos profissionais de vendas de seguro quando perguntado, "O que você faz?" ele diz, "Eu ajudo as pessoas a economizar e acumular dinheiro para assegurar segurança para uma vida longa e independência financeira. E eu normalmente faço isto com quantias muito pequenas de dinheiro para pessoas que não têm muito com o que começar." Novamente, você deve ter certeza que vai adquirir uma resposta muito mais positiva e interessante do que dizer, "Eu sou um vendedor de seguros."

5 PERGUNTAS PARA INTEGRAÇÃO E DOMÍNIO

As distinções mais importantes que eu preciso me lembrar desta sessão são:

_____
_____
_____
_____
_____
_____
_____

Eu posso e usarei as distinções, estratégias, ou ferramentas em meu negócio das seguintes maneiras:

_____
_____
_____
_____
_____

Eu posso e usarei o que eu aprendi nesta sessão em minha vida pessoal por:

_____
_____
_____
_____
_____

Durante pelo menos os próximos 7 dias eu me comprometerei com:

_____
_____
_____
_____
_____

A razão pela qual eu me comprometo a isto é porque me dará ou criará:

_____
_____
_____
_____
_____
_____

O Poder da Influência: A Psicologia dos Mestres Persuasivos

PALAVRAS-CHAVES E PONTOS DE GATILHOS

- SCREAM PIGS.
- Faça diariamente ligações de prospecção.
- Seja criativo, assim você não ficará enfadado.
- Tenha certeza de ter um plano consistente para o que você vai dizer quando você localizar uma pessoa.
- Peça indicações para todo contato.
- Faça isto maciçamente.

"Oitenta por cento do sucesso está em aparecer."

- Woody Allen

Sessão 2 - O Poder do Telefone!

Para a maioria dos profissionais de vendas o telefone é o inimigo deles em vez do amigo deles. Ainda é a mais simples e poderosa ferramenta que nós temos para alcançar os prospectos de um modo de alavancagem. Pode nos prover mais tempo e mais energia do que virtualmente qualquer outra ferramenta disponível. O maior desafio é que a maioria dos profissionais de vendas tem concepções errôneas sobre qual é o propósito deles ao estar trabalhando sobre o telefone, como também muitos temem que eles não sejam efetivos. O propósito desta sessão, então, é definir claramente o que o telefone é usado como uma ferramenta e como ser mais efetivo em adquirir diretamente seus prospectos para adquirir compromissos.

A chave para uso efetivo do telefone é seu sistema de convicção. As pessoas mais prósperas em vendas acreditam que o telefone é o melhor amigo delas, que é uma ferramenta de poder que os alavanca. Novamente, as palavras representam 7%, qualidade da voz 38%, fisiologia 55%. Eleve-se e entregue sua mensagem – a posição e uso de seu corpo entram através de sua voz sobre o telefone.

A chave para se lembrar: O propósito do telefone é fixar o compromisso. Você está pedindo uma decisão secundária durante uma data e tempo para conseguir ouvir uma idéia juntos; você não está vendendo um produto (a menos que, claro, você esteja no ramo de telemarketing!).

Você se sente mais confortável por preferir ver seus prospectos pessoalmente ou falar com eles sobre o telefone?

Três chaves para ser próspero no telefone:
1. Obtenha a atenção deles fazendo uma reivindicação gorda e grande.
2. Convença-o de sua idéia.
3. Persista!

Razões para rejeição de vendas sobre o telefone:
1. Um telefonema sempre é uma interrupção.
2. Profissionais de vendas não estão freqüentemente no estado; eles são enfadonhos.
3. Prospectos têm medo que o vendedor vá tomar muito do tempo deles.
4. As pessoas freqüentemente não estão lhe rejeitando ou sua idéia, mas a data e o horário que você está pedindo. Responda com, "Eu entendo que você é um comerciante – é por isso que eu pedi um compromisso". Seja persistente e elegante: "Pode ser quinta-feira às quatro horas um melhor horário?"

Soluções para as razões que as pessoas são rejeitadas no telefone:

1. **Você deve estar em estado.** Se ponha no nível dez! Use o método PSF e lhe faça perguntas efetivas. Padrão Swish. Se ponha em estado antes de você apanhar o telefone.
2. **Prenda imediatamente a atenção deles pela qualidade de sua voz.** Esteja em um estado divertido!
3. **Não use o telefone porque você precisa de um compromisso.** Só use o telefone porque você vai ajudar as pessoas a se beneficiar de suas idéias.
4. **Torne fácil e assuma a venda.** É uma decisão muito secundária. Lembre-se, sempre que você pede um compromisso, eles não lhe estão rejeitando. O prospecto sempre está ocupado quando você quiser se encontrar com ele/ela. Setenta por cento do tempo eles não o estão rejeitando; é apenas a data errada. Assim lhes dê uma escolha.
5. **Persista, leve 7 pelo menos não.** Lembre-se da estratégia de Marty Shaffroff.

Regras de disciplina ao telefone:

1. Se prenda ao telefone e permaneça focalizado por um limite de tempo marcado. Puro foco = poder persistente. Ser totalmente e persistentemente focalizado cria poder.
2. Não deixe nada ou qualquer pessoa lhe perturbe. Crie um bloco de tempo.
3. Seja efetivo, anote o número da ligação e sua relação íntima.

O que você diz na verdade no telefone?

1. Administre seu **ESTADO**.
2. Use o **NOME PRÓPRIO** do prospecto.
3. Sempre tenha certeza que você lhes **FAZ** perguntas.

Quando você faz uma pergunta a alguém, você lhes muda o foco, mude o estado e os recursos de acesso.

Exemplo de scripts para o telefone:

(Anel)

1. Prospecto: "Alô?"

   Você: "Alô, Roberto por favor?"

   P: "Sim."

2. V: "Roberto Schneider?"

   (Assim você disse o nome dele duas vezes.)

3. V: "Oi Roberto, aqui é Charton Baggio, da Recursos Ilimitados. Como você está hoje?"

   (Pausa e confere o estado dele e a disponibilidade neste momento.)

   P: "Eu estou muito bem."

(Note o estado dele.)

4. V: "Isso é grande. Roberto, você está familiarizado com nossa empresa?"

   (Novamente você está fazendo outra pergunta que controla o foco mental dele, assume todo o controle da situação de uma vez e checa as âncoras dele para sua empresa.)

   P: "Sim" ou "Não"

5. V: "O que nós somos é _____ e o que nós fazemos é _____."

   (Declare uma reivindicação gorda e grande.)

6. V: "O que eu preciso saber é _____?"

   (Os qualifique.)

7. Assuma a venda.

Exemplo: "Nós somos uma Empresa de Treinamento de Alta Performance e o que nós fazemos é entrar em corporações e aumenta as suas vendas em mais de 25% dentro de um período de seis meses. O modo como nós fazemos isto é... (lhes conte os detalhes). Mas o que eu estou pedindo agora mesmo é, eu preciso saber quão grande é a organização que você tem? Você tem aproximadamente 15 pessoas?" Assuma o compromisso.

A chave inteira para efetuar é:

1. Nossa **convicção de que você é um doador** e não um comprador. Para você se sentir como se você tivesse valor para a pessoa. A única pergunta para a pessoa é o tempo para se encontrar, não se vocês deveriam se encontrar.
2. **Você não está pedindo para a pessoa comprar qualquer coisa** ou fazer um compromisso, você apenas está pedindo para os expor à reivindicação gorda e grande que você fez. "Se houvesse um modo para (reivindicação gordura e grande), você quereria ouvir falar disto certamente, não é?"
3. **Persista**, leve um mínimo de 7 "Não" – lembre-se de Marty Shaffroff.
4. **Controle qualquer objeção que surja** alinhando-se com a pessoa e então minimizando as objeções. Peça novamente datas de substituto.
5. **Divirta-se!**

O FECHAMENTO DE HARVEY MACKAY

"Oi, Angela, eu sou Harvey Mackay, presidente da Mackay Associados. Eu escrevi para o Sr. T nas últimas duas semanas e eu estou ligando de Mineápolis. Eu gostaria de ver o Sr. T durante exatamente 300 segundos. Eu irei até Guam ou Sri Lanka durante apenas 300 segundos. Se eu levar mais

O PODER DA INFLUÊNCIA: A PSICOLOGIA DOS MESTRES PERSUASIVOS

do que este tempo eu doarei $500 a uma instituição de caridade de sua escolha que eu acredito ser os Escoteiros não é?" (muito, muito poderoso)

COMO SOBREVIVER AO PORTEIRO:

1. Tenha certeza que o porteiro é seu **AMIGO**.
2. Sempre use **NOMES PRÓPRIOS**.
3. Seja **ASSOCIADO** para se unir a esta pessoa.
4. Lhes fale que isto é **PESSOAL**.
5. **ASSUMA** a venda.
6. Não desligue o telefone, fique na linha.
7. Não deixe um número de telefone e um seguimento.

5 PERGUNTAS PARA INTEGRAÇÃO E DOMÍNIO

As distinções mais importantes que eu preciso me lembrar desta sessão são:
_____
_____
_____
_____
_____
_____
_____

Eu posso e usarei as distinções, estratégias, ou ferramentas em meu negócio das seguintes maneiras:
_____
_____
_____
_____
_____
_____
_____

Eu posso e usarei o que eu aprendi nesta sessão em minha vida pessoal por:
_____
_____
_____
_____
_____
_____
_____

Charton Baggio Scheneider

Durante pelo menos os próximos 7 dias eu me comprometerei com:
_____
_____
_____
_____
_____
_____
_____

A razão pela qual eu me comprometo a isto é porque me dará ou criará:
_____
_____
_____
_____
_____
_____
_____

PALAVRAS-CHAVES E PONTOS DE GATILHOS

- Persista – É uma pequena decisão.
- Divirta-se, seja criativo.
- Use a lei da reciprocidade: seja amigável e eles serão amigáveis de volta.
- Mantenha simples.
- Tome uma decisão clara.
- Nunca ligue quando você precisar de um compromisso, ligue porque você tem algo de valor.
- Assuma a venda.
- Leve 7 pelo menos "não".
- A técnica de 300 segundos de Harvey MacKay para obter atenção.

"O que diz 'não pode ser feito' nunca deveria interromper o que está fazendo."

- Anônimo

O Poder da Influência: A Psicologia dos Mestres Persuasivos

Passo Quatro - Conecte & Fique Seu Melhor Amigo

SESSÃO 1 - CUIDADO E ELOGIOS!

Ao contrário da convicção popular, os maiores persuasores do mundo dizem que o aspecto mais importante da influência não é o fechamento, é o rapport. A confiança entre o vendedor e o prospecto é o único elemento mais importante que influenciará o sucesso ou fracasso de uma entrevista de vendas particular. As pessoas compram freqüentemente produtos que eles nem mesmo necessitam de profissionais de vendas se eles realmente forem como elas. Além disso, elas certamente ajudarão o vendedor a fechar a venda se elas gostarem dele. Se elas acreditam em você, e elas estão na extremidade de tomar uma decisão, você pode as influenciar a comprar. O propósito desta sessão é lhe lembrar de elementos fundamentais que você já conhece, como também lhe apresentar a novas habilidades que podem lhe ajudar a criar imediatamente um laço mais forte com o prospecto. A meta é o ligar para fazer do prospecto seu amigo.

O aspecto mais importante da influência não é fechar, mas sim unir. Compradores passam por uma série de estados emocionais. Primeiro você tem que ter a atenção deles; segundo, você tem que ter a confiança e o gostar deles.

Para se conectar com eles, você tem que responder ao prospecto a pergunta que está queimando: "O vendedor tem meu melhor interesse em mente?" Não há nenhuma influência a longo prazo sem confiança.

As pessoas não se preocupam tanto quando sabem que você sabe quanto você pode lhes cuidar. As pessoas também compram de amigos, até mesmo se aquele amigo for um vendedor ruim. Fique o melhor amigo delas querendo sinceramente as pessoas, elas apenas se encontram.

Elogios Criam Poder

Elogios criam um poder muito real para unir. Todo o mundo quer se sentir apreciado, importante, e notado, mas não lisonjeado. Para dar um elogio efetivo que não seja nenhuma lisonja, você tem que fazer três coisas:

1. Conte para o cliente algo que você gosta sobre eles.
2. Justifique o elogio dizendo, "Isso é porque..."
3. Faça uma pergunta pelo que você declarou há pouco, uma pergunta que mostre até mesmo mais interesse. "O que é que você faz para ser tão efetivo naquela área?"
   - Lhes mostre que você se importa.
   - Torne isto real para eles.
   - Você consegue aprender algo.

Elogios que atraem ao que é importante na vida de outra pessoa são os mais poderosos. Há 13 modos efetivos para usar elogios que não só podem construir sua carreira de vendas, mas também podem apoiar as pessoas a sua volta a se sentirem inacreditavelmente apreciadas e podem amar. São elas:

1. Justifique o elogio.
2. Faça dos elogios um hábito.
3. Lhe faça perguntas. O que você gosta sobre eles ou da companhia deles?
4. Dê elogios na terceira posição: "Eu estava falando com Roberto e você deveria ouvir os tipos de coisas amáveis que ele diz sobre você."
5. Dê os elogios a pessoas na ausência delas de um modo cortês, e chegará a elas.
6. Não conte para uma pessoa do que você gosta a menos que você realmente goste disto – seja congruente.
7. Elogie as ações e realizações deles, porque esses elogios parecem reais e justificados nas mentes deles.
8. Elogie todo o mundo.
9. Não elogie o óbvio, não é apreciado.
10. Crie uma bolsa de elogios que você possa levar com você, assim você pode os distribuir para as pessoas sempre que for apropriado.
11. Elogios requerem atenção e esforço, assim trabalhe nisto.
12. Todo o mundo tem algo sem igual; procure por isto.
13. Envie notas de agradecimentos que sejam cortês.

5 PERGUNTAS PARA INTEGRAÇÃO E DOMÍNIO

As distinções mais importantes que eu preciso me lembrar desta sessão são:

_____
_____
_____
_____
_____
_____
_____

O Poder da Influência: A Psicologia dos Mestres Persuasivos

Eu posso e usarei as distinções, estratégias, ou ferramentas em meu negócio das seguintes maneiras:

_____
_____
_____
_____
_____
_____
_____

Eu posso e usarei o que eu aprendi nesta sessão em minha vida pessoal por:

_____
_____
_____
_____
_____
_____
_____
_____

Durante pelo menos os próximos 7 dias eu me comprometerei com:

_____
_____
_____
_____
_____
_____
_____
_____

A razão pela qual eu me comprometo a isto é porque me dará ou criará:

_____
_____
_____
_____
_____
_____
_____
_____
_____

Charton Baggio Scheneider

PALAVRAS-CHAVES E PONTOS DE GATILHOS

- Elogios criam poder!
- Modos para dar elogios efetivos:
  — Diga para o cliente algo que você gosta sobre eles.
  — Justifique o elogio dizendo, "Isso é porque..."
  — Faça uma pergunta pelo que você declarou, uma pergunta mostra até mesmo mais interesse.
- 13 modos para usar os elogios.

"Dizer bem um elogio é uma arte elevada e poucos se destacam nisto."

- Mark Twain

SESSÃO 2 - A MAGIA DO ESPELHAR!

Além de se preocupar profundamente e elogiar é importante perceber o que faz as pessoas estarem em rapport. As pessoas se sentem responsivas ou encorajadas um pelo outro quando elas sentem que elas estão uma como a outra.

Uma frase divertida para se lembrar das 2 chaves para o rapport é: **Quando as pessoas estão uma como a outro elas tendem a gostar uma da outra, e quando as pessoas não estão uma como a outra elas tendem a não gostar uma da outra.** Estas são generalizações, mas geralmente elas são bastante precisas.

Isto não quer dizer que se houverem diferenças entre você e elas em assuntos emocionais chaves, o menos rapport você terá. A maioria das pessoas tenta desenvolver rapport pelo uso de palavras, a ferramenta mais fraca que você tem. A ferramenta mais poderosa disponível para se unir é o processo de acompanhar e refletir – quer dizer, se tornar como a pessoa que você está pelo uso de sua voz e corpo. Acompanhar e refletir cria alinhamento entre vocês dois e uma garantia que elas se sentirão como você. Então eles gostarão de você!

O processo de acompanhar e conduzir é um modo para influenciar o comportamento. Se você usar o mesmo tipo de linguagem como a pessoa que você está falando, você criará rapport em um período muito curto de tempo. Lembre-se das modalidades e características de caráter de alguém em um estado visual, estado cinestésico, estado auditivo, ou estado digital.

Dizer a verdade é o construtor definitivo de rapport e se você fizer um bom trabalho ficará amigo deles, eles lhe ajudarão a fazer a venda. Se você tem que cercar duro no fim isso significa que você não fez o trabalho avançar para criar um laço real. Se você fizer um bom trabalho ficará amigo deles, eles lhe ajudarão a fazer a venda e estarão contentes de fazer isso. A real chave para venda próspera não é se "você pode vender a alguém", mas "se você pode os persuadir a comprar seu produto e os fazer desfrutar do processo de lhe dar o dinheiro". Isso é a real arte de vender!

Para ser efetivo você deve:
1. Conhecer o resultado.
2. Entrar em ação.
3. Saber o que você está adquirindo.
4. Ter acuidade sensorial.
5. Mudar sua aproximação até que você tenha sucesso.

Lembre-se de ser flexível. A pessoa com mais escolhas no modo como elas respondem às pessoas a sua volta estará no controle de qualquer situação.

Modos inconscientes para desenvolver rapport:
- Como você está usando sua **VOZ**.
- Fazendo **PERGUNTAS**.

- Ache algo em comum.

Duas frases para ancorar a idéia de rapport:

1. Quando as pessoas estão uma como a outra elas tendem a gostar uma da outra.
2. Quando as pessoas não estão uma como a outra elas tendem a não gostar uma da outra.

Quanto mais diferenças que as pessoas sentem que elas têm uma com a outra, menos rapport eles têm.

Quando nós focalizamos nas **DIFERENÇAS** nós saímos do rapport.

Quanto mais nós focalizamos nas **SEMELHANÇAS** mais rapport nós temos.

É importante ver as semelhanças, assim você pode:

- Se preocupar com as pessoas.
- Conectar-se com as pessoas.
- Criar essas semelhanças.

A chave para a manipulação é a **INTENÇÃO**.

Palavras 7%

Tom de Voz 38%

Fisiologia 55%

Esta é uma garantia absoluta que se você aprender a usar sua voz e seu corpo de um modo efetivo, você pode adquirir rapport com virtualmente **TODO O MUNDO**.

Espelhe e acompanhe os meios para se tornar como a pessoa que você está.

Aspectos da voz para espelhar e acompanhar é:

O Poder da Influência: A Psicologia dos Mestres Persuasivos

- Volume
- Tempo
- Tonalidade
- Timbre
- Palavras chaves

Aspectos da fisiologia espelhar e emparelhar é:

- Postura
- Movimentos
- A velocidade de seus movimentos
- Gestos
- Gestos faciais
- Contato ocular
- Respiração
- Proximidade
- Toques

Você deve seguir os passos da pessoa, qualquer passo ao que ela der, então você pode **MUDAR** ligeiramente seu passo e ela vai **SEGUIR** você.

Os cinco sentidos da comunicação:

1. Visual
2. Auditivo
3. Cinestésico
4. Olfatório
5. Gustativo

Destes cinco sentidos, os três que nós freqüentemente usamos para comunicar conscientemente para o mundo são: **VISUAL, AUDITIVO, CINESTÉSICO**.

Dentro dos três modos freqüentemente usados, a maioria de nós desenvolve uma preferência, uma força, um que nós gostamos mais. É importante saber qual é a preferência do cliente **AGORA MESMO** enquanto eles estiver com você.

Quatro estilos básicos de funcionar:

1. **Visual**
2. **Auditivo**
3. **Cinestésico**
4. **Digital**

Flexibilidade é **INFLUÊNCIA**. A pessoa que tem mais flexibilidade, tem mais escolhas, controlará a situação.

O desafio é descobrir que linguagem o cliente fala - visual, auditiva ou cinestésica – na ocasião, e entrar então direito no mundo dele.

5 PERGUNTAS PARA INTEGRAÇÃO E DOMÍNIO

As distinções mais importantes que eu preciso me lembrar desta sessão são:
_____
_____
_____
_____
_____
_____
_____

Eu posso e usarei as distinções, estratégias, ou ferramentas em meu negócio das seguintes maneiras:
_____
_____
_____
_____
_____
_____
_____
_____

Eu posso e usarei o que eu aprendi nesta sessão em minha vida pessoal por:
_____
_____
_____
_____
_____
_____
_____
_____

Durante pelo menos os próximos 7 dias eu me comprometerei com:
_____
_____
_____
_____
_____
_____
_____

A razão pela qual eu me comprometo a isto é porque me dará ou criará:

O PODER DA INFLUÊNCIA: A PSICOLOGIA DOS MESTRES PERSUASIVOS

___

PALAVRAS-CHAVES E PONTOS DE GATILHOS

- Confiança é igual a influência.
- Profissionalismo: Ponha o interesse do prospecto primeiro, último, e sempre.
- As pessoas compram de amigos, até mesmo se eles são profissionais de vendas ruim.
- Fique o amigo deles.
- Faça do elogio um hábito.
- Acompanhar e Refletir.
- VAKD
- Divirta-se e se conecte com as pessoas.
- Conecte-se – é isso que a vida é em toda parte.
- Ponha o interesse deles, não o seu, em primeiro.

"Pegue a dificuldade para parar e pensar nos sentimentos da outra pessoa, os pontos de vista dele, os desejos e necessidades dele. Pense mais no que os outros desejam na mesma categoria, e como eles tem que se sentir."

- Maxwell Maltz

Passo Cinco - Crie Interesse

Um dos principais equívocos que muitos profissionais de vendas fazem é pular para dentro de uma apresentação antes deles tirem primeiro o prospecto verdadeiramente interessado a ouvir isto. Isto é um desperdício de tempo. O passo final do empenhar alguém é criar real interesse – colocando a pessoa faminta a ouvir sua apresentação. O propósito desta seção é lhe ensinar uma fórmula de seis passos que lhe ajudará a deixar o prospecto faminto por ouvir sua apresentação que é o estado que eles devem estar para você ser efetivo.

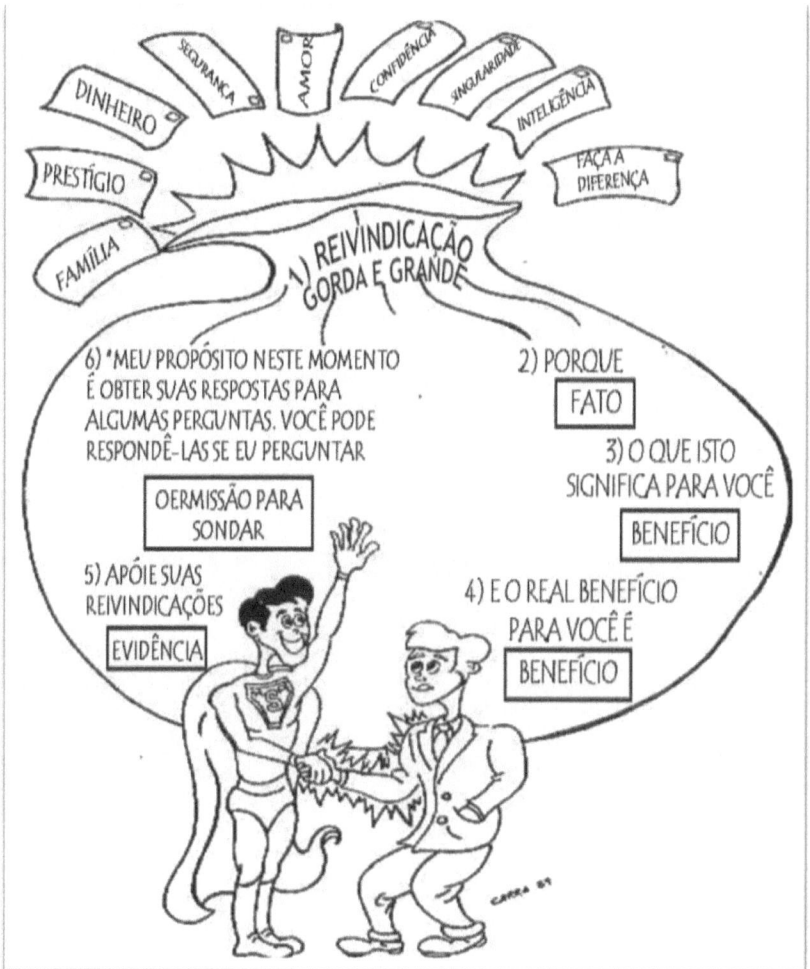

A chave para este passo é não continuar sua apresentação até que você os tenha famintos para ouvir. A chave para criar interesse é fazer perguntas. Faça perguntas nas quais focalizarão o interesse do prospecto em desejar o que não está sendo conhecido, e as conseqüências ou problemas que eles já estão atentos.

Lembre-se, se eles não tiverem nenhum pensamento de um problema, não haverá nenhuma necessidade para eles pensarem em uma solução (que é o que seu produto precisa ser). Para ser efetivo, os problemas do prospecto e descontentamento devem estar claros e em foco nas mentes deles.

O modo mais forte para criar interesse é descrever em detalhes os problemas deles a eles. Quanto mais você conversar sobre isto, mais os convencerá da necessidade deles. Novamente, em vez de tentar prender apenas o interesse falando, prenda o interesse fazendo perguntas fortes.

Quando você fizer uma pergunta que force o prospecto a pensar e responder, cria uma conversação de mão dupla e muda a tensão e pressiona fora de você. Lembre-se, vender a lesão associada com aquilo que eles sempre estão perdendo aprofunda um interesse existente. O modo para prender a atenção deles é atuando nas "unidades de interesse" nas mentes deles.

"Unidades de interesse" são compostas de seis passos:

1. **Faça uma reivindicação gorda e grande.** (Tenha certeza que você se prepara e faz sua lição de casa primeiro!) Sua reivindicação gorda e grande deve ser baseada em algo (um benefício ou resultado) que o prospecto esteja verdadeiramente interessado. Também, tenha certeza que seja uma reivindicação sobre a qual você possa apoiar!
2. **Proteja sua reivindicação.** Use **PORQUE**, e ofereça um fato (lembre-se do poder do "porque").
3. **Use a linguagem**, "O que significa para você..." e então ofereça outro benefício.
4. **Diga**, "E isso o que realmente significa para você é..." e declare um benefício emocional mais direto.
5. **Apóie suas reivindicações.** Diga, "E a razão que eu digo isso é..." e oferece a evidência para a sua reivindicação gorda e grande. Evidência simples.
6. **Adquira permissão para sondar.** Diga, "O propósito neste momento é adquirir suas respostas a algumas perguntas. Você pode as responder se eu lhes perguntar?"

CRIANDO UNIDADES DE INTERESSE

Declare uma "REIVINDICAÇÃO GORDA E GRANDE".

EXEMPLO: *"Nós podemos aumentar suas vendas entre 30% a 300%."* Tem que ser uma reivindicação gorda e grande que o prospecto associe valor. Tenha certeza que seja uma reivindicação a qual você pode apoiar.

"PORQUE" – declare uma característica.

EXEMPLO: *"O que nós ensinamos em nosso programa não são as mesmas velhas e cansadas técnicas de vendas. Nosso programa é o resultado da modelagem das técnicas dos profissionais de vendas top, aqueles que fazem $250,000 dólares ou mais por ano."*

Acompanhe uma reivindicação gorda e grande com um fato. A palavra que você vai usar nesta transição é "PORQUE".

"O QUE SIGNIFICA PARA VOCÊ..." – declare um benefício.

EXEMPLO: *"O que significa para você ter as ferramentas que realmente funcionam."*

Declare um benefício que você saiba que eles provavelmente quereriam.

"E O QUE REALMENTE SIGNIFICA PARA VOCÊ TER/SER..." – declare um benefício.

EXEMPLO: *"E o que realmente significa para você ter um aumento em sua rentabilidade."*

Declare um benefício até mais profundo, mais forte ou mais pessoal.

"E A RAZÃO DO PORQUE EU DIGO ISSO É..."

EXEMPLO: *"E a razão do porque eu digo isso é que nós fizemos isto para várias empresas semelhantes a sua área."*

Declare sua evidência para suas reivindicações.

Adquira permissão para SONDAR.

EXEMPLO: *"Meu propósito neste momento é adquirir suas respostas a algumas perguntas. Você pode responder se eu perguntar?"*

Alguns modos de demonstrar e dar evidência para seu produto podem ser descobertas pelo acrônimo DEFEATS.

Evidência DEFEATS desacredita!

(Esta é uma ferramenta para utilizar para que você possa obter uma evidência sempre que você precisar dela.)

D Demonstração

E Exemplo – "Nos conte um pouco mais" história

F Fatos

E Exibições

A Analogia – compare duas coisas não semelhantes

T Testemunhos

S Estatísticas

Novamente, os faça faminto para ouvir o que você tem a dizer. Prenda o interesse deles com uma reivindicação gorda e grande, e obtenha a permissão para se mover para a fase se de registro – permissão para começar a qualificá-los. Nós passamos agora à fase de registrar onde nós aprendemos a sondar os problemas e aumentar a lesão.

O que nós precisamos fazer para adquirir o interesse das pessoas?

- Faça muitas **PERGUNTAS**.
- **OS REMEXA** o bastante para descobrir o que eles realmente estão sentindo, o que eles querem, o que é de seu interesse ou uma necessidade que eles têm.
- Os faça **FAMINTOS**.

Uma unidade de interesse simplesmente é um modo para fazer uma reivindicação que agarrará o interesse do prospecto e mostra a ele/ela como um fato ou característica de como seu produto pode criar benefícios importantes que o prospecto quer, e então usar este interesse como uma alavanca para adquirir a permissão para começar a qualificar o prospecto. Em outras palavras, porque o prospecto está interessado, eles estão dispostos a responder perguntas para você poder qualificá-los para ser exposto ao que você tem que oferecer em detalhes a eles.

Faça uma lista de 3 características ou benefícios que você poderia utilizar e poderia fazer reivindicações gordas e grandes.

1. _____
_____
_____
_____

2. _____
_____
_____
_____

3. _____
_____
_____
_____

Crie pelo menos 3 unidades de interesse que você pode utilizar para seu produto para agarrar virtualmente o interesse de qualquer um agora.

1. _____
_____
_____
_____

2. _____
_____
_____
_____

3. _____
_____
_____
_____

5 PERGUNTAS PARA INTEGRAÇÃO E DOMÍNIO

As distinções mais importantes que eu preciso me lembrar desta sessão são:
_____
_____
_____
_____
_____
_____
_____

Eu posso e usarei as distinções, estratégias, ou ferramentas em meu negócio das seguintes maneiras:
_____
_____
_____
_____
_____
_____
_____
_____

Eu posso e usarei o que eu aprendi nesta sessão em minha vida pessoal por:
_____
_____
_____
_____
_____
_____
_____
_____

Durante pelo menos os próximos 7 dias eu me comprometerei com:
_____
_____
_____
_____
_____
_____
_____

A razão pela qual eu me comprometo a isto é porque me dará ou criará:

PALAVRAS-CHAVES E PONTOS DE GATILHOS

- Unidades de interesse
- "Porque"
- "O que significa para você..."
- DEFEATS
- Unidade de Convicção

"A vontade é a fonte do conhecimento do que nós podemos fazer."

- James Allen

FASE 2: OS ASSOCIE!

Passo Seis - Os Qualifique: Sonde os Problemas & Aumente a Lesão!

REVISÃO

Fase 1 Empenhe-os!

Passo Um – Prepare-se & Faça Sua Lição de Casa
- Preparação.
- Pesquise seu comprador ou cliente.
- Controle as objeções com antecedência.
- Administre seu tempo.

Passo Dois – Ligue-se!
- Nível 10!
- Peak state!
- Todas as habilidades e perícias disponíveis.

Passo Três – Estabeleça Contato & Adquira a Sua Atenção!
- SCREAM PIGS.
- Livro de Prospecção.
- Biblioteca de Prospecção.

Passo Quatro – Conecte & Fique o Seu Melhor Amigo!
- Conecte-se efetivamente!
- Fique amigo deles.
- Elogios.
- Espelhando e emparelhando.

Passo Cinco – Crie Interesse!
- Os faça famintos.
- Unidades de Interesse
- Reivindicação Gorda e Grande.
- Evidência.
- Adquira permissão para sondar os problemas.

Fase 2 Os Associe!

Para associar alguém você tem que saber quem é esta pessoa e quais são realmente as necessidades delas.

Passo Seis – Os Qualifique: Sonde os Problemas & Aumente a Lesão!
- Saber como pegar algo que alguém quer e os associar para o fato que eles não estão tendo isto agora, e a dor que vem disso, é totalmente motivacional.

- Você tem que saber com quem você está negociando.

SESSÃO 1 - PERGUNTAS PARA QUALIFICAR - NDFAD

Vender é uma das profissões mais agradáveis e recompensadoras disponíveis para qualquer um, contanto que você se sinta como um persuasor seu trabalho é achar as reais necessidades das pessoas e as preencher.

Quer dizer, se você se percebe como um doador em sua relação com seus clientes e não comprador, você terá amor-próprio elevado, muita alegria, seus clientes gostarão de você e você será pago inacreditavelmente bem.

A razão pela qual a maioria das pessoas experiencia a venda como um negócio de pressão é porque elas estão tentando persuadir alguém a fazer algo sem saber quem é a pessoa que eles estão negociando ou como elas tomam decisões, muito menos quais são as reais necessidades deles.

A aproximação do vendedor comum para vender é descobrir um par de idéias sobre as quais a pessoa está basicamente interessada, e faz uma apresentação standard.

O propósito desta sessão é lhe ajudar a desfrutar o processo de vendas desenvolvendo um programa simples, sistemático para descobrir o que você está negociando e o que eles realmente querem e precisam, e como eles tomam decisões ou justificam a tomada a ação. Com esta informação vender fica inacreditavelmente fácil.

Para persuadir alguém efetivamente, você tem que saber com quem você está negociando. Você tem que ter um formulário emocional. Este aspecto deve ser completado tão depressa quanto possível. É insano fazer uma apresentação sem isto. Se você fizer, você será o responsável por beijar uma parede de rejeição.

Você deve qualificar o prospecto em sua ligação de vendas ou durante sua entrevista fazendo várias perguntas que determinarão quem é ele ou quais são as necessidades primárias dele, os interesses, e as convicções. O propósito disto é eliminar a relutância de ligar. Quanto mais você sabe sobre um prospecto antes da ligação, mais ansioso você ficará para o ver e mais confiante você se sentirá sobre a entrevista.

A chave está em entender como esta pessoa argumenta. Quais são as convicções delas, como elas olham o mundo, e quais são as necessidades delas? Assim que você souber estas informações, você terá um tremendo poder e muito pouco medo de ser rejeitado. Você saberá se antecipar ao modo deles pensarem.

Não tente desafiar as convicções de alguém. Freqüentemente as convicções de um prospecto sobre o que você está retificando para vender podem ser tão profundas quanto as suas próprias convicções religiosas. Você não pode mudar as convicções religiosas de alguém em uma apresentação de meia hora, assim não espere mudar as convicções deles na entrevista.

Ao invés, como um vendedor profissional, torne suas idéias consistentes com as convicções do prospecto. Alinhe e redirecione.

Quando você estiver qualificando você precisa saber:

- Quais são os reais **PROBLEMAS** deles. Qual é um sentimento emocional que não está sendo cumprido, profundamente nos corações deles, e que eles desejam ter.
- **AUMENTE-O** assim eles serão incentivados.
- Desejo significa que alguém tem razões suficientes para fazer algo. Use benefícios e dor para criar desejo.

Motivação requer que eles adquiram muito **DESEJO**.

Desejo significa que há razões suficientes para gostar de todos os benefícios que eles adquirirão, e razões suficientes que se eles não comprarem, vai doer.

Consiga que eles sintam desejo e estejam **ASSOCIADOS** a isto.

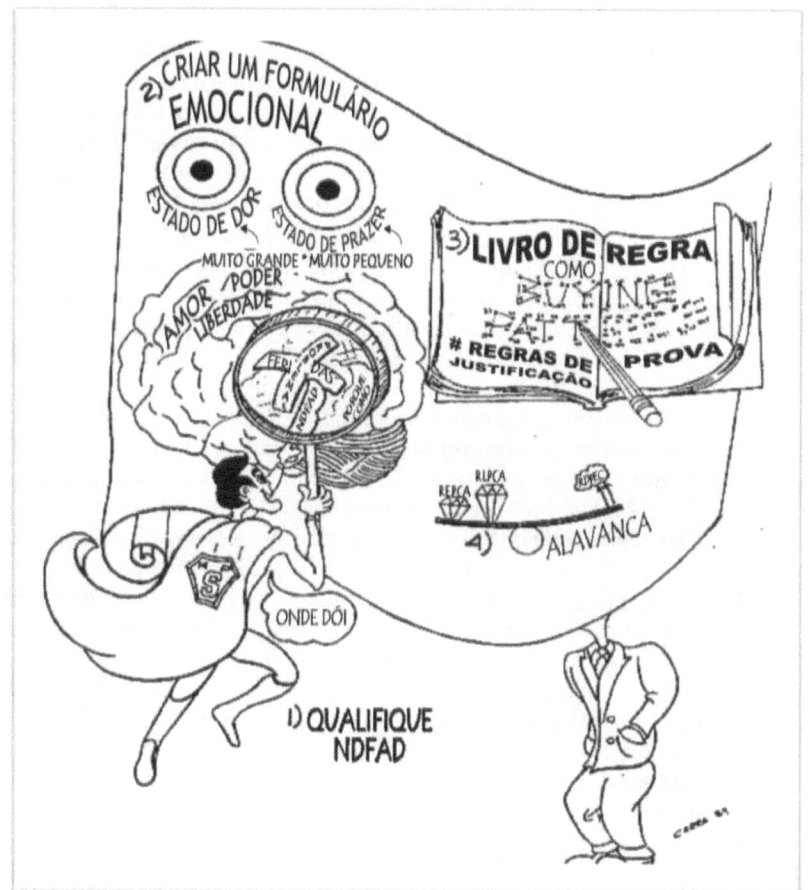

O Poder da Influência: A Psicologia dos Mestres Persuasivos

As perguntas primárias que você precisa responder são conhecidas como NDFAD.

N Necessidades

D Desejos

F Feridas

A Autoridade

D Dinheiro

1. O que o prospecto realmente **necessita**? (As pessoas normalmente não compram o que elas necessitam, elas compram o que elas desejam.) Se você puder conhecer as necessidades e os desejos deles, você lhes dará a habilidade para justificar a compra das coisas que eles desejam.
   - O que o prospecto realmente **deseja**? Qual é o desejo emocional que precisa ser conhecido? Exemplo: Uma pessoa pode precisar de um carro porque é um bom transporte. Mas o que elas querem é o carro mais rápido no bloco, porque não os dará apenas um carro, mas prestígio, e o desejo é maior do que a necessidade.
   - O que é a **ferida** deles? Qual é a dor que o prospecto tem? O que eles realmente se sentem com o que eles querem, mas não estão conseguindo na vida? Lembre-se, as pessoas são motivadas mais para evitar a dor do que para obter prazer. Se você pode abrir uma ferida e pode lhes mostrar como curar isto por seu produto, você tem um comprador muito incentivado.
2. Eles têm a **autoridade** para tomar a decisão? Esta é a informação crítica que você deve descobrir antes de avançar, em vez de depois que você fizer uma apresentação.
3. Eles têm o **dinheiro**? Se não houver nenhum modo para eles adquirirem o dinheiro, você está desperdiçando seu tempo.
4. **Por que** eles querem estas coisas? Não é o suficiente apenas saber se eles querem um carro em particular, mas por que eles querem isto. Isso lhe dirá as convicções deles, e **como** eles sabem quando eles estão adquirindo isto que lhe dirá um pouco sobre o procedimento de evidência deles. **Como** eles sabem se um carro é rápido? É porque vai de zero a sessenta em 5 segundos? De que tipo de evidência eles precisam? É o sentimento no corpo deles quando eles pulam para dentro disto? É o que as outras pessoas dizem sobre isto?

Antes de conhecer um prospecto você pode criar um formulário emocional sobre eles fazendo estas 9 perguntas:

1. O que o prospecto realmente precisa?
2. O que o prospecto realmente quer?
3. Qual é a ferida dele?
4. Eles têm a autoridade para tomar a decisão?
5. Eles têm o dinheiro?
6. Por que eles quereriam estas coisas?
7. Quais são os REPCA e RLPCA deles?
8. Como eles poderiam justificar a compra?
9. Quais são os medos deles?

Você conhecerá o cliente com total confiança depois de responder estas 9 perguntas. Obtenha sua informação:

1. De quem você conhece sobre esta pessoa.
2. Entreviste as pessoas que conhecem a pessoa.
3. Pela pessoa que lhe deu a indicação.

Você pode ter que fazer isto pessoalmente quando você chegar. Crie interesse primeiro, então ele/ela estarão contentes para responder suas perguntas!

Em um procedimento qualificativo você está procurando REPCA e RLPCA. Você está procurando as razões emocionais que você poderia usar para os fazer querer comprar agora, criar um senso de urgência.

E você está procurando as razões lógicas para comprar agora, os modos que eles pudessem justificar fazer a compra. Assim há as 5 Perguntas Primárias: **NDFAD** e o **Porquê e Como**.

As duas razões para que um prospecto não compre são:
1. Eles não estão atentos que há um problema.
2. Eles não estão perturbados o suficientemente pelo problema. Seu trabalho é os perturbar. Os tornar incitados sobre o que eles não estão adquirindo emocionalmente.

Novamente, quanto mais informação você tenha mais você se sentirá preparado, forte, e excitado em vez de preocupado e tentativo. Você saberá que tipo de impacto você terá com antecedência.

Da próxima vez que você sentir relutância para ligar, PARE. Pegue seu medidor de humor e marque onde você está. Então passe passo-a-passo pelo processo do formulário. Analise as necessidades da pessoa, desejos, feridas, autoridade, dinheiro. Qual é o principal desejo emocional deles? Agora que você adquiriu as respostas a estas perguntas, meça novamente seu humor conforme você pensa em sair para comercializar com esta pessoa, e descubra quão dramaticamente você mudou

Digamos que você realmente saiba quais são as necessidades do prospecto, o que está doendo e o que ele/ela quer curar. Você sabe que eles têm a autoridade para tomar uma decisão, eles têm o capital, você sabe por que eles querem isto, e o que precisa para eles sentirem que as necessidades deles estão sendo conhecidas. Como você se sentiria para fazer esta ligação?

O Poder da Influência: A Psicologia dos Mestres Persuasivos

5 PERGUNTAS PARA INTEGRAÇÃO E DOMÍNIO

As distinções mais importantes que eu preciso me lembrar desta sessão são:
_____
_____
_____
_____
_____
_____
_____

Eu posso e usarei as distinções, estratégias, ou ferramentas em meu negócio das seguintes maneiras:
_____
_____
_____
_____
_____
_____
_____
_____

Eu posso e usarei o que eu aprendi nesta sessão em minha vida pessoal por:
_____
_____
_____
_____
_____
_____
_____
_____

Durante pelo menos os próximos 7 dias eu me comprometerei com:
_____
_____
_____
_____
_____
_____
_____
_____

A razão pela qual eu me comprometo a isto é porque me dará ou criará:

PALAVRAS-CHAVES E PONTOS DE GATILHOS

- NDFAD Porquê e Como – Necessidades, Desejos, Feridas, Autoridade, Dinheiro, Porquê e Como
- REPCA – Razões Emocionais Para Comprar Agora.
- RLPCA – Razões Lógicas Para Comprar Agora.

"Como regra geral o homem mais próspero na vida é o homem que tem a melhor informação."

- Benjamim Disraeli

SESSÃO 2 - VALORES: OS MOTIVADORES DEFINITIVOS!

Em nossa primeira sessão nós discutimos o fato que a força dinâmica atrás de toda a motivação humana é dirigida por duas necessidades – a necessidade para evitar a dor e o desejo para obter prazer. Esta é a força geral que dirige todo o comportamento humano.

As pessoas reagem de modos diferentes as situações por basearem-se nas diferenças nos seus valores – quais estados de prazer ou dor eles tem como mais importantes versus os menos importantes. Todos nós temos uma hierarquia de valores, estados que nós mais desejamos e estados que nós mais vamos gostar de evitar.

Conhecer os estados designados que as pessoas querem alcançar ou evitar pode lhe ajudar a determinar o comportamento delas e o que vender para motivá-las efetivamente a comprar. O propósito desta sessão será ensiná-lo a utilizar e entender os valores como uma força motivadora para persuadir seu prospecto a comprar.

Todo o comportamento humano é dirigido por valores e convicções. O que são valores? Valores são os estados de prazer ou de dor que nós mantemos dos mais importantes versus os menos importantes. Muito simplesmente, há três distinções sobre tipos de valores que você precisa fazer:

1. **Valores meios**
2. **Valores fins**
3. **Hierarquia de valores**

Comecemos com a número 1. Você precisa saber o que é um valor meio. Freqüentemente quando você perguntar para as pessoas sobre o que é mais importante, elas dirão coisas como "dinheiro" ou "família" ou "carros" ou "uma relação". Isto não é o que elas mais avaliam.

Estas coisas são **meios** a um fim. Isto é o que eles vêem como um veículo para obter o que elas realmente valorizam. E o que as pessoas realmente mais valorizam, os objetivos da vida delas, são os estados de prazer que elas mais querem ter, e estados de dor que elas estão retificando para evitar. Esses são conhecidos como valores **fins**.

Em outras palavras, valores fins são os estados que nós estamos mais valorizamos, qualquer que seja porque nós queremos os experimentar ou porque nós queremos os evitar a todo custo. Você poderia querer dinheiro. A razão que você quer dinheiro é que este lhe dará mais liberdade ou mais segurança ou mais poder. Assim liberdade, segurança, e poder são exemplos de valores fins porque eles são estados que nós queremos.

A única razão pela qual nós fazemos qualquer coisa é tentar adquirir algum nível de prazer ou evitar algum nível de dor. Ao descobrir e planificar seus clientes, se eles lhe falam que eles querem algo como "uma relação", você precisa descobrir o que eles querem numa relação.

Algumas pessoas pensam que elas querem uma relação, então elas entram em um e descobrem que uma relação não é o que elas realmente queriam. O que eles queriam de uma relação era algum sentimento amável. Talvez fosse segurança, talvez fosse amor, talvez fosse a liberdade, ou talvez fosse a paixão. Mas você precisa descobrir qual era a força motivadora, qual era o valor mais profundo, o valor de fim pelo que esta pessoa ia.

Até mesmo com valores fins, há duas distinções mais importantes para se fazer. Há **valores fins atraentes**; quer dizer, estados de prazer que nós avaliamos muito profundamente e nós queremos mais deles. E há **valores fins repelentes**, esses estados que nós avaliamos porque eles são tão dolorosos que nós queremos os evitar a quase qualquer custo.

Por exemplo, se você sabe que o valor atraente número um que move uma pessoa é <u>**aceitação**</u> e o valor repelente número um for <u>**rejeição**</u>, você sabe agora, e tem uma planificação emocional dele, o que motiva o comportamento desta pessoa em sua vida. Você também sabe que você quererá ter certeza que você está consciente das necessidades deste prospecto ao vender seu produto.

Você quer mostrar para eles como, comprando seu produto, eles serão mais aceitos por um grande número de pessoas para os quais são então importantes e como eles na verdade experimentarão menos rejeição. Você também sabe que o medo deles é que se eles comprarem, alguém pode pensar que eles tomaram a decisão errada e as rejeitem, e isso provavelmente é o maior medo deles. Como um vendedor você deve controlar este medo com antecedência.

Olhemos para outro enredo: Alguém tem um valor atraente número um em sua vida que é <u>**contribuição**</u>, e o valor repelente número um que eles estão tentando evitar que é <u>**se sentir entediado**</u>.

É claro que você quer vender seu produto de certo modo que faça uma diferença ativamente enquanto simultaneamente permanece interessante. Uma vez que você sabe com quem você está negociando e quais são os alvos gêmeos da motivação deles, 75% da venda terminaram porque você sabe o que exatamente os dar por seu produto ou serviço.

"O sucesso na vida é o resultado do bom julgamento.

O bom julgamento é o resultado da experiência.

A experiência é freqüentemente o resultado do mau julgamento."

O elemento fundamental para sondar os problemas e aumentar a lesão é: nós precisamos saber com quem nós estamos negociando assim nós podemos satisfazer as necessidades deles. O que move com aquela pessoa? O que elas realmente querem? Sabendo esta informação nos permitira determinar o que elas estão perdendo nas suas vidas. A razão que nós queremos aumentar a lesão é porque nós queremos focalizar a atenção deles nas coisas que eles já têm dor. Nós queremos focalizar na dor e aumentá-la o suficiente para que eles sejam motivados a entrar em ação para fazer uma mudança agora. Nosso produto será a solução.

VALORES: OS MOTIVADORES DEFINITIVOS!

Para Determinar os Valores de Alguém, está é a Pergunta Chave:

O que é a mais importante para você em sua vida?

Isto irá estabelecer os valores "atraentes" de sua vida. Por exemplo, alguém poderia dizer, "O que é realmente importante para mim é amor, alegria, dinheiro". Lembre-se, se eles disserem dinheiro, lhes pergunte, "O que dinheiro lhe dá?" Isso o dará os valores fins em vez dos valores meios. Se você quiser descobrir os valores deles para comprar um carro você diria:

Vendedor: "O que seria mais importante para você comprar um carro?"

Prospecto: "O que é mais importante sobre comprar um carro é a velocidade."

Vendedor: "O que a velocidade lhe dá?"

Prospecto: "Um senso de poder."

Assim você sabe que eles querem de um carro; poder e velocidade são os meios. A Estratégia de Compra atrás do comportamento humano está nos valores e regras: o estado que nós queremos obter e as convicções ou regras que nós temos sobre o que nós precisamos fazer para fazer isto acontecer ou se sentir realizados.

Todos os estados não são criados igual. Para determinar a ordem dos valores fins de uma pessoa quando elas lhe derem um valor meio, faça uma pergunta. Por exemplo, se eles disserem, "O que é mais importante para mim é futebol", pergunte, "O que lhe dá jogar futebol?" Se eles dizem algo como "poder", "amizade", etc., você sabe agora realmente quais são os valores fins que motivam na vida deles.

PARA ACHAR OS VALORES REPELENTES, SIMPLESMENTE FAÇA AS SEGUINTES PERGUNTAS:

- que você faria quase qualquer coisa para evitar?
- Quais são as coisas que você gostaria de evitar a todo custo em uma transação com outras pessoas?
- Quais são os sentimentos ou estados que você não quer sentir em sua vida?
- Quais são os sentimentos ou estados que você quer evitar em sua vida a quase todo custo?

Lembre-se – as pessoas compram os desejos deles, as sua Razões Emocionais Para Comprar Agora (REPCA), não as necessidades delas. Tomar uma decisão é pesar as conseqüências.

Agora demos uma olhada no segundo elemento que afeta nosso comportamento: os valores do alvo ou como nós continuamos a conhecer o alvo. O modo que nós continuamos a alcançar o estado que nós queremos está baseado em nossas convicções ou nossas regras.

Por exemplo, duas pessoas poderiam valorizar o respeito, mas elas têm regras diferentes para o que o faz respeitar alguém. Uma pessoa nunca levanta a voz dela porque as regras dela ditam, "Se você não puder dizer algo positivo então que você não diga nada". Outra pessoa diz, "Se você respeita alguém você tem que ser honesto com ela e se expressar completamente e abertamente e não esconder suas emoções. Se você não fizer isto, então significa que você não as respeita."

Assim você vê, você tem semelhanças ou os mesmos exatos alvos, mas tem modos diferentes de atuar sobre eles. Isto é por que freqüentemente as pessoas mesmo possuindo valores semelhantes se comportam tão radicalmente diferente.

REGRAS

O modo para obter as regras de alguém é lhe fazer a pergunta chave: "Como você sabe quando seu valor está sendo conhecido?" O que tem que acontecer para você saber que você está sentindo respeito ou está tendo respeito, por exemplo?

Para persuadir efetivamente alguém, você tem que saber com quem você está negociando:

1. Você quer saber dois ou três valores chaves da vida dela, e as regras dela (o que a leva a conhecer estes).
2. Você também precisa saber dois ou três valores eles têm sobre seu produto e quais são as regras deles para saber se estes valores estão sendo conhecidos.

Se eu fosse vender para alguém um investimento, eu descobriria primeiro alguns valores de vida e faria perguntas como, "O que é realmente mais importante para você em sua vida? Para fazer um ótimo trabalho para você, eu estaria um pouco curioso – o que é realmente mais importante para você em sua vida?" A resposta dele é "sucesso". Agora nós temos um valor de vida.

Agora digamos nós queremos descobrir um valor que ele tem sobre fazer um investimento. Nós diríamos, "Bem, o que é mais importante para você fazer um investimento?" A resposta dele é "O retorno". Então nós descobriríamos as regras dele para "retorno". Nós dizemos, "Bem, o que tem que acontecer para você saber que você está adquirindo um bom retorno?" ou "Como você sabe quando você vai obter um retorno que você quer?" A resposta dele é "28% ao ano".

Para descobrir os valores adicionais em termos de investimento, você diz, "Bem, o que mais é importante para você fazer um investimento?" Ele diz "Segurança". "Como você sabe se é seguro?" A resposta dele é "Se for garantido pelo corretor". Fazendo estes tipos de perguntas, nós sabemos que o que ele mais quer na vida agora é ter sucesso.

Em investimento, o que ele quer é um retorno enorme que seja absolutamente garantido. Esta é informação que nós poderíamos querer saber para avançar assim nós sabemos como persuadir esta pessoa ou as reeducar nas realidades do mundo de investimento.

Novamente, é importante que veja o que é mais importante para ele, o retorno ou a segurança. Fará uma diferença enorme dentro de como você vai vender para este homem, dependendo do que ele mais avalia.

Finalmente, uma vez que você sabe os valores dele, é mais simples para o motivar. Você começa a perturbar lhe dizendo, "Você está fazendo agora 28% em qualquer lugar?" "NÃO". "Bem, quanto dinheiro você está perdendo por não investir? Qual seria um bom momento para você começar a criar o futuro que você quer, e adquirir os benefícios que você deseja? Se você não fizer isto durante os próximos cinco anos, qual seria o impacto para você? Você se sente seguro agora sem investimentos?"

Todas estas perguntas são projetadas para sondar o problema e os incitar emocionalmente.

Um modo simples de fazer isto é usar a fórmula que você já aprendeu para criar interesse. Você prende o interesse deles e você diz, "O propósito deste momento é apenas obter suas respostas a algumas perguntas. Você pode as responder se eu lhes perguntar?" Agora você tem o interesse deles e eles responderão suas perguntas. Ou você poderia dizer, "Eu não sou apenas um vendedor que entra e faz um trabalho vapt-vupt com você, eu realmente quero conseguir saber quais são suas reais necessidades. Nós poderíamos gastar alguns minutos para que eu tenha uma idéia do que é mais importante para você, assim eu posso utilizar aquela informação para realmente lhe ajudar a fazer este programa funcionar para você?" Tudo que você precisa fazer é dar as pessoas um "porque", uma razão que esteja no interesse delas por elas responderem suas perguntas. A maioria das pessoas responderá as suas perguntas contanto que você também tenha rapport e o interesse delas.

5 PERGUNTAS PARA INTEGRAÇÃO E DOMÍNIO

As distinções mais importantes que eu preciso me lembrar desta sessão são:

_____
_____
_____
_____
_____
_____
_____
_____

Eu posso e usarei as distinções, estratégias, ou ferramentas em meu negócio das seguintes maneiras:

_____
_____
_____
_____
_____
_____
_____
_____

Eu posso e usarei o que eu aprendi nesta sessão em minha vida pessoal por:

O Poder da Influência: A Psicologia dos Mestres Persuasivos

_____
_____
_____
_____
_____
_____
_____
_____

Durante pelo menos os próximos 7 dias eu me comprometerei com:
_____
_____
_____
_____
_____
_____
_____
_____

A razão pela qual eu me comprometo a isto é porque me dará ou criará:
_____
_____
_____
_____
_____
_____
_____
_____

PALAVRAS-CHAVES E PONTOS DE GATILHOS

- Valores meios.
- Valores fins.
- Hierarquia valores.
- Valores atraentes – "O que é mais importante para você em sua vida?"
- Valores repelentes – "O que você faria quase qualquer coisa para evitar?"
- Convicções globais – "Eu sou...", "As pessoas são...", "A vida é..."
- Regras – Convicções "Se-então".

> "Para ter sucesso em um negócio, alcançar o topo, um indivíduo tem que saber tudo o que é possível saber daquele negócio ou daquele cliente."
>
> *- J. Paul Getty*

SESSÃO 3 - O PODER DE FERIDAS PSÍQUICAS!

A Madison Avenue descobriu muitos anos atrás que o modo mais rápido para passar alguém a ação é descobrir algo que é muito doloroso a ela, e então perturbar o prospecto sobre isto. Eles descobriram que se eles incitassem as emoções delas sobre o fato que uma ferida está lá (i.e., um desejo profundo não realizado) e então eles mostram para o prospecto como curar a lesão por um produto, a pessoa sente-se compelida para comprar o produto – comprar se torna um imperativo. Esta descoberta foi refinada nos últimos dez anos em uma ciência conhecida como o sistema VALS. O propósito deste programa é lhe apresentar ao sistema VALS de forma que você possa descobrir as verdadeiras necessidades mais profundas das pessoas e suas feridas, e então a cura.

OS CINCO ESTILOS DE VIDA

O sistema VALS consiste em oito segmentos organizados ao longo dos recursos e dimensões de auto-orientação. Os anunciantes buscam uma ferida psíquica em cada categoria:

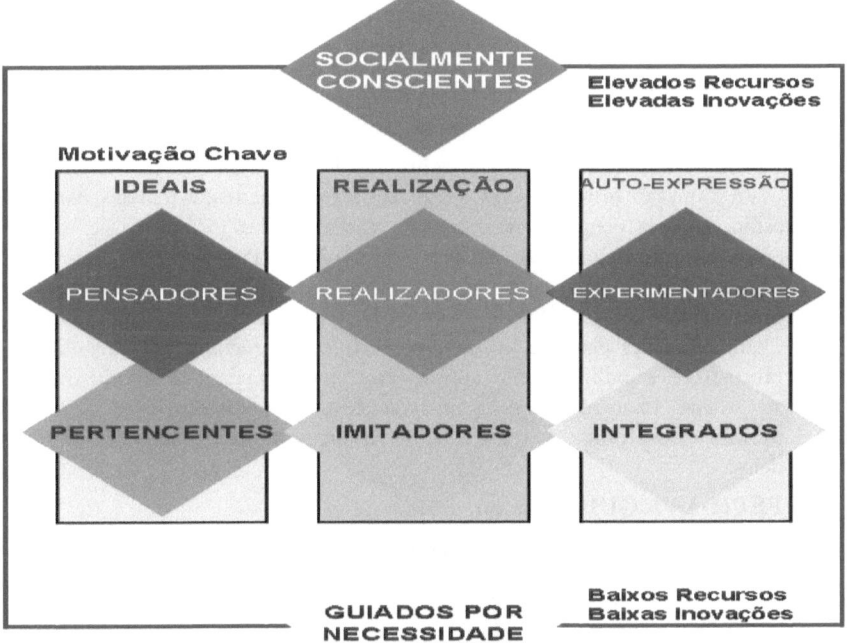

O Poder da Influência: A Psicologia dos Mestres Persuasivos

1. **Pertencentes** — Motivado por ideais; baixos recursos

    Pertencentes são pessoas conservadoras, convencionais com convicções concretas baseado em códigos estabelecidos tradicionais: família, igreja, comunidade, e a nação. Fortemente tradicionais e respeitam as regras e a autoridade. Expressam códigos morais que estão profundamente arraigados e literalmente interpretados. Seguem rotinas estabelecidas. Por eles serem fundamentalmente conservadores, eles são lentos para mudar e avessos a tecnologia. Como consumidores, eles são conservadores e previsíveis, favorecendo produtos nacionais e marcas estabelecidas. A educação, rendas, e energia são modestas, mas suficientes para satisfazer as suas necessidades.

    FERIDA PSÍQUICA: Imagens familiares tradicionais estão sendo perdidas, sentir uma separação.

2. **Imitadores** — Motivado por realização; baixos recursos

    17-38 anos de idade, a objeção para uma pessoa imitadora o que se percebem como sendo próspero, desejo número um deles é a confiança, sexualidade. Os imitadores buscam motivação, auto-definição, e aprovação do mundo ao redor deles. Eles estão se esforçando para achar um lugar seguro na vida. Inseguros e com poucos recursos econômicos, sociais e psicológicos, se preocupam com as opiniões e a aprovação dos outros. O dinheiro define o sucesso o qual eles não têm o bastante deste e freqüentemente sentem que a vida lhes deu uma transação crua. São facilmente entediados e impulsivos. Muitos deles buscam ser elegantes. Eles imitam os que possuem posses mais impressionantes, mas obter isso geralmente está além do alcance deles.

    FERIDA PSÍQUICA: Falta de confiança.

3. **Realizadores** — Motivado por realização; altos recursos.

    Baseado em economia e desempenho, $50,000 + renda, querem ser ímpares, usam roupas de grife/marca. Os realizadores são orientados a metas, com um estilo de vida centrado na família e carreira. Eles evitam situações que encorajam um alto grau de excitação ou mudança. Possuem uma carreira de êxito, sentem-se no controle das suas vidas. Eles avaliam consensos, previsibilidade, e estabilidade sobre os riscos, intimidade e auto-descoberta. O trabalho lhes proporciona um senso de dever, recompensas materiais, e prestígio. São politicamente conservadores, e respeitam a autoridade e o status quo. Imagem é importante para eles; eles favorecem o estabelecido, produtos de prestígio e serviços que demonstram sucesso aos semelhantes deles.

    FERIDA PSÍQUICA: Ser um de muitos.

4. **Socialmente consciente** — Precisam ser inteligentes, orientado ao ar livre, cidadãos preocupados com o meio-ambiente, consciencosos, preocupados sobre assuntos nucleares, sem-tetos, etc., não confiam nas agências governamentais e nas autoridades. 35-40 anos de idade, integridade é uma prioridade alta, senso de missão, senso para fazer uma diferença, contribui com a sociedade. Existem mais graduados nesta categoria do que

em todas as outras juntas. Eles têm êxito, são sofisticados, e ativos. Por eles terem recursos abundantes, eles exibem todas as três motivações primárias em graus variados. Eles são interessados em crescimento e buscam se desenvolver, explorar, e se expressar numa variedade de modos – às vezes guiados por princípios, e às vezes por um desejo de ter um efeito, fazer uma mudança. A imagem é importante para eles. São entre o estabelecido e emergindo os líderes nos negócios e no governo, contudo eles continuam buscando desafios. Eles têm uma gama extensiva de interesses, estão preocupados com assuntos sociais, e estão abertos a mudança. As vidas deles são caracterizadas por riqueza e diversidade. As suas posses e recreação refletem um gosto cultivado pelas melhores coisas da vida. Eles são os líderes da mudança e são os mais receptivos a novas idéias e tecnologias. A compra deles refletem gostos cultivados para o requinte, produtos de nicho e serviços.

FERIDA PSÍQUICA: Eles farão qualquer coisa que evite serem seduzidos pelo sistema.

a) Experimentadores.
b) Socialmente consciente.

5. **Guiados por necessidade** – Vivem no nível de pobreza, não compram por anúncio, recipientes da Previdência Social ou recipientes do Bem-Estar. Sobreviventes conduzem vidas estreitamente focalizadas. Porque eles têm os menores recursos, eles não exibem uma motivação primária e freqüentemente sentem-se impotentes. Eles estão principalmente preocupados com a segurança, assim eles tendem a ser leais a uma marca e compram mercadoria com desconto. São nostálgicos, constrangido e cauteloso. Cronicamente pobre, pouco educado, baixa qualificação, sem laços sociais fortes, ancião e preocupado com a sua saúde, eles estão freqüentemente resignados e passivos. Porque eles estão limitados pela necessidade de satisfazer as necessidades urgentes do momento presente, eles não mostram forte auto-orientação. São os consumidores cautelosos. Eles representam um mercado muito modesto para a maioria dos produtos e serviços.

6. **Integrados** – Motivado por auto-expressão; altos recursos

Socialmente conscientes/realizadoras – pessoas que estão comprometidas com a integridade e com o fazer uma diferença no mundo, e simultaneamente comprometidas a alcançar uma renda ilimitada. O sucesso é medido por ambos os padrões. Fabricantes avaliam a viabilidade e a auto-suficiência. São as pessoas práticas que têm habilidades e preferências por pôr a mão na massa em atividades construtivas e passam seu tempo despreocupados com a família e amigos íntimos. São politicamente conservadores, suspeitam de novas idéias, respeitam a autoridade do governo e trabalho organizado, mas se ressentem com a intrusão do governo nos direitos individuais. Por eles preferirem valorizar o luxo, eles compram produtos básicos. São responsáveis, práticos e auto-suficientes.

O Poder da Influência: A Psicologia dos Mestres Persuasivos

7. **Pensadores** — a Motivado por ideais; altos recursos

   Pensadores são maduros, satisfeitos, confortáveis, refletivas que avaliam ordem, conhecimento e responsabilidade. Eles tendem a ser bem-educados e procuram ativamente informação no processo de tomada de decisão. Eles são bem informados sobre mundo e eventos nacionais e estão alerta as oportunidades para ampliar o seu conhecimento. Possuem um respeito moderado pelas instituições de *status quo* de autoridade e decoro social, mas são compreensivos sobre novas idéias e mudança social. Tendem a fundamentar as suas decisões em princípios fortemente seguros e, por conseguinte parecem tranqüilos e seguros de si. Suas rendas lhes permitirem muitas escolhas, são consumidores conservadores, práticos; eles procuram funcionalidade, valor, e durabilidade nos produtos que eles compram.

8. **Experimentadores** — Motivado por auto-expressão; altos recursos

   Experimentadores apreciam o não convencional. Eles são ativos e impulsivos, buscam variedade e excitação, se excitam com a busca do novo, e arriscado. Eles gastam uma proporção comparativamente alta da sua renda em moda, socializando-se, e com entretenimento. Experimentadores são jovens, vívidos, entusiásticos, impulsivos e rebeldes. No processo de formular o que valorizam da vida e padrões de comportamento, eles ficam rapidamente entusiásticos sobre novas possibilidades, mas são igualmente rápidos em esfriar. Nesta fase na vida deles, eles são politicamente descomprometidos, desinformados, e altamente ambivalentes sobre o que eles acreditam. São consumidores ávidos e gastam muito da renda deles em vestuário, *fast food*, música, cinema e vídeo.

   Como você descobre em qual grupo uma pessoa se ajusta? Há todos os tipos de pistas. O que as pessoas usam, dirigem, e como elas passam o seu tempo são todas coisas para procurar.

   Tarefa: Explore a sala na qual você está agora. Encontre três pessoas, e decida olhando para elas qual grupo elas provavelmente caem. Tenha em mente a vida real – pode estar enganando. Por exemplo, às vezes realizadores vestem-se como pertencentes. Também, as pessoas vestem-se freqüentemente dependendo do negócio que elas estão, para desenvolver rapport com o tipo de cliente elas têm.

   Seja curioso e simplesmente faça a pergunta: "O que é mais importante na vida para você?"

   Uma pessoa poderia responder:

   - "Estar com meus familiares por todo o país e juntos nos feriados." Isto indica que eles são claramente um pertencente.
   - "Bem, se tornar um sucesso." Isto diz, contudo que eles não acreditam que eles são um sucesso, eles não têm aquele nível de confiança. Isto indicaria que eles são claramente um imitador.
   - "Levar minha companhia a um nível internacional." Claramente nós estamos falando sobre um realizador.

- "Eu não sei – Eu apenas quero fazer uma diferença em minha vida. Eu quero fazer o mundo um pouco melhor do que estava antes." Mais que provável esta pessoa é socialmente consciente.
- "Eu apenas estou tentando sobreviver." Está bem claro que eles são um imitador de baixo nível ou alguém que está no grupo sobreviver/dirigido por necessidade.
- "Estar sempre bem atualizado sobre as coisas que estão ocorrendo em nossa volta." Isso será dito certamente por um pensador.
- "Para mim é aproveitar a vida, o momento ao máximo." Estamos certamente nos deparando com um experimentador.

Veja com que freqüência você tem êxito ao determinar alguém numa categoria VALS. A maioria das pessoas descobre que eles são aproximadamente 80% prósperas apenas olhando para pessoas. Agora quando você for comercializar, dentro de alguns segundos, você deve ter uma boa idéia forte do que esta pessoa mais quer no mundo sem que tenha que fazer uma pergunta pelos seus valores.

Tente agora com três pessoas nesta sala. E então pense em quem é a pessoa primária para seu mercado. Você se veste e age conforme o modo que desenvolveria rapport com este grupo? Divirta-se!

5 PERGUNTAS PARA INTEGRAÇÃO E DOMÍNIO

As distinções mais importantes que eu preciso me lembrar desta sessão são:
_____
_____
_____
_____
_____
_____
_____
_____

Eu posso e usarei as distinções, estratégias, ou ferramentas em meu negócio das seguintes maneiras:
_____
_____
_____
_____
_____
_____
_____
_____

Eu posso e usarei o que eu aprendi nesta sessão em minha vida pessoal por:

O PODER DA INFLUÊNCIA: A PSICOLOGIA DOS MESTRES PERSUASIVOS

___

Durante pelo menos os próximos 7 dias eu me comprometerei com:
___

A razão pela qual eu me comprometo a isto é porque me dará ou criará:
___

PALAVRAS-CHAVES E PONTOS DE GATILHOS

- Sistema VALS.
- Pertencentes.
- Imitadores.
- Realizadores.
- Socialmente consciente.
- Guiados por necessidade.
- Integrados.
- Pensadores.
- Experimentadores.

"Escute as palavras de um homem e olhe para o aluno deste olho. Como um homem pode esconder o seu caráter?"

- Mencius (3º - 4º Século, D.C.)

SESSÃO 4 - DESCUBRA A ESTRATÉGIA DE COMPRA DE SEU CLIENTE!

Os seres humanos diariamente e mesmo num momento são bombardeados com estímulos. Nosso mundo está se movendo a um passo incrível. Imagens, sons, movimentos e cheiros estão todos competindo continuamente por nossa atenção. Em qualquer momento há um número ilimitado de coisas que nós poderíamos focalizar e isso poderia exigir nossa atenção para tomar decisões.

Para ficar sã, nossa mente consciente (com sua habilidade limitada para focalizar) desenvolveu estratégias para limitar o número de coisas que nós focalizamos e tomamos decisões criando padrões de foco. Por exemplo, quando você entrar numa sala, você normalmente não avalia ou prova e toma decisões sobre se o chão o sustentará. Você desenvolveu o padrão de apenas tomar aquilo que é permitido e focaliza em outras coisas – onde você vai se mover pela sala, por exemplo.

O valor disto é que lhe economiza muito tempo e energia. O mesmo é verdade com muitas outras coisas que nós fazemos. Quando você está guiando e for mudar de pista, raramente você tem que avaliar o que você tem que fazer conscientemente e quando você tem que fazer isto. Você quase está no piloto automático. Você desenvolveu um jogo de padrões que sua mente inconsciente percorre, e você presta atenção a um pequeno número de imputs para tomar decisões.

As pessoas também desenvolvem padrões de compra para economizar tempo e energia. Há coisas ilimitadas que elas poderiam pensar sobre seu produto ou serviço em ordem para tomar uma decisão, há perguntas ilimitadas que eles poderiam fazer. Mas as pessoas desenvolvem padrões do que focalizar para tomar uma decisão.

O foco inteiro de algumas pessoas está no custo. Alguns focalizam no nível de conveniência que o produto dará. Outras pessoas focalizam naquilo que elas podem ganhar tomando uma decisão, ou em todas as coisas que elas poderiam perder. O padrão de foco determinará muito freqüentemente que informação você precisa lhes dar para tomar uma decisão efetiva.

O propósito deste livro, então, é o expor a dez padrões chaves ou distinções sobre como as pessoas focalizam nas coisas e tomam decisões, de forma que você pode utilizar estas informações para vender a alguém do modo como elas compram em vez do modo que você pensa que eles tomariam uma decisão.

METAPROGRAMAS – OS DEZ PADRÕES DE COMPRA

Padrões de compra Metaprogramas são caminhos programados que nós continuamos a tomar decisões, maneiras que nós focalizamos o mundo a nossa volta.

Os seres humanos são criaturas **DELETADAS**, nós tendemos a focalizar em uma quantia muito pequena do que está de fato a nossa volta. Num determinado momento, o que nós experimentamos é baseado naquilo que nós **FOCALIZAMOS**.

O que nós focalizamos é determinado pelos padrões de foco que nós **APRENDEMOS**.

1. Em direção à... & Afastar-se de....

Pergunta: *O que você quer em um trabalho (ou produto)?*

Este tem a ver com a direção na qual você normalmente se move, em direção à... ou afastando-se de... Pessoas "Em direção à..." são mais incentivadas pelos desejos; pessoas "Afastar-se de..." são mais incentivadas por medos. Para motivar alguém "Em direção à...", lhes dê uma meta ou recompensa – uma "cenoura." Por exemplo, "Se você decidir comprar este artigo agora, seus lucros apenas no trimestre que vem aumentarão 50%". Para motivar alguém "Afastar-se de...", lhes dê algo grande e negativo – a "vara". "Se você não tirar proveito agora desta oportunidade, você continuará tendo dificuldades por um sistema de comunicação antiquado, inadequado. Você realmente quer perder todos esses clientes potenciais?"

2. Possibilidade e Necessidade.

Pergunta: *Por que você escolheu seu trabalho atual (ou produto)?*

Algumas pessoas são incentivadas vendo as possibilidades em um produto ou situação. Outras só são incentivados quando elas verem a necessidade de comprar ou mudar. As pessoas de possibilidade lhe darão razões quando você lhes perguntar por que elas escolheram algo. Elas procuram oportunidades, potencial, o que poderia ser. Quando você apresentar seu produto a uma pessoa de possibilidade, lhes mostre todas as opções; lhes pergunte sobre qualquer modo que elas podem ver seu produto ou serviço se ajustará as necessidades delas. Para alguém motivado por necessidade, o mundo é um lugar de regras e limites. A maior parte do tempo eles só agem quando há uma necessidade clara para fazer assim. Em vez de apresentar razões ou possibilidades a uma pessoa de necessidade, lhes pergunte, "O que você teria que conhecer para comprar meu produto hoje?", "O que teria que acontecer para você ver a necessidade deste investimento?"

3. Interno e Externo.

Pergunta: *Como você sabe quando você fez um bom trabalho (ou que tomou a decisão certa)?*

Este metaprograma está preocupado com onde o julgamento de uma pessoa fica situado – dentro dela, ou fora dela. A pessoa sabe dentro dela que ela fez um bom trabalho/tomou a decisão certa (enquadre interno)? Ela têm que ter outras pessoas lhes falando (enquadre externo)? Ela precisa de um sentimento interno e avaliação externa para saber que ela fez um bom trabalho (equilibrado)? Se um prospecto tiver uma armação interna, você precisa descobrir o que é importante para ele e então descrever seu produto com esses critérios em mente. Um comentário efetivo para alguém com um enquadre interno é, "Só você saberá que isto é certo para você."

Alguém com umas necessidades de enquadre externo precisa saber o que os outros pensam sobre seu produto ou serviço. Usar atestados ("José Schmith, presidente de Eletrônica X, comprou este sistema e me escreveu esta carta que recomendação") e estatísticas ("70% da indústria da comunicação hoje estão usando um sistema semelhante a este") são dois modos efetivos para apresentar seu produto a uma pessoa com um enquadre externo.

As pessoas equilibradas têm um sentimento interno e então conferem externamente para confirmar a certeza delas. Você pode usar uma combinação das técnicas anteriores para os que possuem um enquadre equilibrado interno-externo.

4. Generalidades e Particularidades – O tamanho do chunk.

Pergunta: *Se nós fôssemos fazer um projeto juntos, você gostaria de saber primeiro todos os detalhes ou o quadro geral? O que você realmente <u>teria</u> que saber – o quadro geral ou os detalhes?*

As pessoas absorvem informação em sintaxe específica. Algumas pessoas não absorvem os detalhes até que elas saibam o objetivo global – o "quadro geral". Outros são subjugados pela enormidade da meta e querem detalhar primeiro com os detalhes. Seu trabalho como vendedor é descobrir o modo do "chunk" de seu prospecto, ou quebra, informação, e então apresentar seu produto de um modo compatível. Para alguém que precisa do quadro geral primeiro, lhes diga os benefícios globais que seu produto lhes dará, e então fale sobre as particularidades de preço, quantidade, tamanho, tempo, etc. Se seu prospecto quiser os detalhes primeiro, dê a ele as especificações de seu produto; mostre-lhe como imprensará em áreas diferentes de sua vida ou negócio, e então lhe mostre os benefícios totais que seu produto produzirá. Como um comunicador impecável, você precisa ser capaz de chunkar qualquer modo que seu prospecto esteja confortável.

5. Passado ou Futuro.

Pergunta: *O que é mais importante para você: o desempenho passado de um produto, o que o produto pode fazer agora mesmo para você, ou o que fará no futuro?*

Como nós nos orientamos no tempo é um dos metaprogramas mais importantes. Isto determina onde nosso foco primário estará processando a informação: passado, presente, futuro ou atemporal.

- Passado — Estas pessoas recorrem às suas experiências passadas para prover um quadro de referência para a nova informação. Ao apresentar seu produto ou serviço, enfatize o registro do rasto aprovado do produto, ou descubra se o cliente usou um produto semelhante no passado.

- Presente — Pessoas orientadas ao presente estão interessadas agora; elas estão freqüentemente abertas a novas experiências e produtos contanto que elas possam os ter imediatamente. Ao vender para uma pessoa orientada ao presente, freqüentemente uma demonstração de seu produto vai criar bons resultados. A propósito – você será mais efetivo se tiver uma amostra disponível e ser hábil para prometer entrega imediata!

- Futuro — Há clientes que querem saber os benefícios futuros de seu produto ou serviço. Lhes mostre as melhoras a longo prazo que seu sistema pode lhes dar, ou pinte um quadro dos filhos deles crescendo na casa que você quer que eles comprem.

- Atemporal — Pessoas Atemporais parecem viver "fora do tempo"; passado, presente, ou futuro têm pouco poder para motivá-las. Muitos cientistas se ajustam no modo atemporal. Se você estiver vendendo para uma pessoa atemporal, use outros metaprogramas como suas ferramentas motivacional.

6. Estratégia de Convencimento *(2 partes)*.
SISTEMA REPRESENTATIONAL.

Pergunta: *Como você sabe que um colega de trabalho é bom no seu trabalho? O que o levaria a saber que este produto é certo para você?*

- Esta pessoa tem que **ver** José Schmith trabalhar para saber que ela está fazendo um trabalho bom? Para este prospecto, você quer lhes mostrar seu produto – como panfletos, demonstrações, etc.

- Esta pessoa precisa **ouvir** de outras pessoas de que José Schmith está fazendo um bom trabalho? Esta pessoa precisaria ouvir falar de seu produto, de você ou de outras pessoas.

- Esta pessoa tem que trabalhar ao lado de José Schmith e obter um **sentimento** sobre o modo como ele trabalha? Para este prospecto, você deverá lhes dar "nas mãos" para experimentar seu produto, ou até mesmo lhes dar a título de teste o produto ou serviço.

- Esta pessoa precisa **ler** sobre o bom trabalho que José Schmith faz, em um relatório ou carta de recomendação? Você deverá dar a estes atestados de pessoas, artigos de jornais, relatórios de seu produto, etc.

TIPO DE DEMONSTRAÇÃO.

Pergunta: *Com que freqüência alguém tem que se manifestar a você o que eles estão fazendo antes que se convença que é um bom trabalho?*

Esta pergunta desvenda o prazo e freqüência da ocorrência que a pessoa exige para ser convencida.

- **Automático** — Esta pessoa assume que alguém está fazendo um bom trabalho a menos que mostrasse caso contrário. Alguém com um tipo automático é o sonho de todo vendedor, pois ele comprará prontamente – mas observe-o, porque eles comprarão da mesma maneira que o farão da próxima pessoa, também!

- **X número de vezes** — "José Schmith tem que fazer um trabalho bom 5 vezes antes de me convencer que ele é um bom trabalhador." "Eu tenho que vê-lo trabalhar 3 vezes antes de eu acreditar nele." Por exemplo, ao vender para alguém uma casa se ele tiver um tipo de demonstração de tempo, lhes mostre 4 outras casas antes de você lhe mostrar a que você pensa que será aquela que eles realmente querem."

- **Período de tempo** — "Se trabalhar durante 6 meses, então é bom." "Depois que ele estiver no trabalho durante um ano, então ele será competente." Uma estratégia efetiva para vender a alguém com este tipo de demonstração é lhes dar sob condição o produto, ou deixar sua literatura/reportagens durante algum tempo e então lhes chamar novamente.

- **Consistentemente** — O pesadelo de um vendedor: você tem que provar isto toda vez a ele. Esteja preparado, se você tem um cliente com um tipo de demonstração consistente, você deverá ter que responder as mesmas perguntas inúmeras vezes e estar pronto para responder também a novas objeções novas.

7. Custo e Conveniência.

Pergunta: *Que é mais importante para você: que este produto tenha custo-benefício (ou seja barato) ou que torna as coisas mais fáceis (mais convenientes)?*

Durante a Depressão dos 1930, as pessoas eram muito orientadas a custo, pois havia muita pobreza. Conforme o século acelerou e nós todos temos ficado mais ocupado, a conveniência ficou mais importante para muitos. Onde seu prospecto desaba esta quantidade contínua pode ser um fator principal na decisão para comprar. Sua consciência deste tipo lhe ajudará a decidir quais aspectos de seu produto ou serviço enfatizar. Para o custo-consciente, você quer lhes mostrar as economias a longo prazo, ou o excelente plano de financiamento que permite pagamentos pequenos com o passar do tempo, ou o fato que o custo de seu produto está subindo o mês que vem e você pode lhes oferecer agora mesmo uma grande transação. Se seu prospecto for mais orientado a conveniência, mostre todas as características extras de seu produto, todos os serviços que você e sua companhia proverão, a economia de tempo e esforço que seu produto produzirá.

8. Uniformidade e Diferença.

Pergunta: *Qual é a relação entre estas três caixas?*

O Poder da Influência: A Psicologia dos Mestres Persuasivos

Pergunta: ***Qual é a relação entre o que você está fazendo agora, e o que você estava fazendo um mês atrás (ou um ano atrás)?***

Este tipo é um dos modos mais proeminentes nos quais nós filtramos e compreendemos o mundo a nossa volta. Algumas pessoas para entender algo, olham para as semelhanças. Elas emparelharão o que você está dizendo com o que elas sabem, ou elas emparelharão pedaços de dados um ao outro. Algumas pessoas olharão primeiro para as diferenças e acharão todos os modos que não se assemelha a isto. Então há as pessoas que fazem um pouco de ambas.

- **Uniformidade** — Estas pessoas vêem três caixas, todas iguais. Elas procuram semelhanças no que eles já sabem e experimentam, e no processo elas apagam tudo o que é diferente. As pessoas uniformidade representam 10% da população. Para vender a uma pessoa uniformidade, você deve mostrar para ela como seu produto ou serviço se ajusta naquilo que ela já têm, ou os modos nos quais é igual a algo que ela conhece.

- **Uniformidade com Exceção** — O maior grupo, aproximadamente 55% da população. Eles vêem primeiro as semelhanças, então as diferenças – "Há 2 caixas vertical e 1 caixa na horizontal." Comparações trabalham bem com este grupo. Você deve usar palavras como "mais", "melhor", "novo", etc., relacionando ao que elas já sabem ou têm (uniformidade) então o que seu produto somará ou aumentará (a diferença).

- **Diferencie com Exceção** — Inclui aproximadamente 25% da população, estas pessoas vêem primeiro as diferenças, então as semelhanças. "Uma caixa está num ângulo de 90 graus das outras duas." Um modo efetivo para apresentar seu produto a esta pessoa seria lhe dar todos os modos no qual este produto é novo e diferente, e então dizer, "claro que, ainda fará todas as coisas que seu sistema atual faz."

- **Diferença** — "Essas caixas são todas completamente diferente – não há nada de igual nelas." Estes compõem 10% da população; muitos advogados prósperos e contadores se enquadram nesta categoria. Se você mostra para uma pessoa "diferença" todos os modos aos quais seu produto é completamente diferente, totalmente novo, e que será uma mudança enorme para eles e para a organização ou família deles, você obterá a atenção deles. Se você avançar os deixando saber que você irá certificar-se que eles obterão as mais

174

recentes mudanças, atualizações, e melhorias assim que elas saiam, você será tanto mais íntimo para fazer a venda (as pessoas diferença precisam de muita mudança).

9. Garantias Passadas ou Possibilidades Futuras.

Possibilidade ou necessidade são semelhantes, mas são focalizados na hora certa. Uma pessoa cujo foco está no PASSADO necessitam saber quanto tempo algo está no mercado.

Alguém cujo foco está nas possibilidades FUTURAS necessitam saber o que é possível, o que nós vamos criar?

10. Custo ou Conveniência

Para a maioria das pessoas, a conveniência é mais importante do que o custo, embora eles lhe digam que o custo é mais importante.

Os três padrões mais importantes de compração:
1. Estratégia de Convencimento.
2. Quadro de referência Interna ou Externa.
3. Mover-se em direção a... ou afastar-se de...

Lembre-se que estes padrões podem mudar dependendo do estado mental ou emoções de uma pessoa. Também é vital que se lembre que os metaprogramas são generalizações – se você for destro, não significa que você não usa sua mão esquerda. O uso da direita é apenas um padrão mais forte.

No princípio isto pode parecer muita informação, mas uma vez como qualquer outra coisa, que era difícil, e após quando você tinha feito isso durante algum tempo, você o fez sem nem mesmo ter que pensar nisto; isto agora é fácil. Lembra-se quando você aprendeu dirigir um carro? Hoje você faz isto sem esforço e você não tem que se lembrar de todos esses pequenos detalhes conscientemente. O mesmo é verdade aqui, e brevemente você estará fazendo isto sem esforço. A chave é se comprometer. Descubra pelo menos dois metaprogramas de cada cliente que você se encontra a cada dia durante os próximos 10 dias.

6 PERGUNTAS PARA INTEGRAÇÃO E DOMÍNIO

1. Se a estratégia primária de uma pessoa estiver movendo um modo, você deve:
    a. Continuar mostrando para elas por que elas deveriam comprar para ganhar alguns benefícios agora?
    b. Compartilhar as coisas que elas perderão se elas não entrarem em ação imediatamente?
2. Se uma pessoa tiver um quadro de referência externo, você deve:

O Poder da Influência: A Psicologia dos Mestres Persuasivos

    a.   Lhes dizer o que elas deveriam fazer e deveria lhes dar direção?

    b.   Lhes dizer que você sabe que elas sabem o que é certo para elas?

3. É possível para uma pessoa que alguém se mova para apenas fazer isso quando elas pensarem que algo é necessário? É possível também ter uma mudança para pessoa ter um quadro de referência de necessidade?

    a.   Sim.

    b.   Não.

4. Se você tem um comprador e você está tentando lhes vender um produto, qual é o melhor modo para lidar com eles?

5. Qual é o melhor modo para lidar com uma pessoa que é orientada por conclusão?

6. Se você pegar uma pessoa cujo foco principal está nos grandes blocos e você lhes conta muitos detalhes:

PALAVRAS-CHAVES E PONTOS DE GATILHOS

- A pessoa tem um foco geral ou específico?
- tamanho do chunk ao qual eles prestam atenção faz uma diferença enorme dentro de como as pessoas se dão bem. As pessoas que estão nos grandes chunks pensam diferente das que são detalhistas, e as pessoas que são detalhistas se repugnam com as pessoas que fazem grandes chunks. Eles não pensam se estão sendo inteligente.
- Pessoas que são orientadas ao "passado" compram ações no desempenho passado delas. Pessoas de possibilidade "futuras" são orientadas pelo céu azul. Elas estão dispostas a correr riscos maiores e obter maiores ganhos.
- A maioria dos americanos são orientados por conveniência enquanto outras partes do mundo focalizados no custo. Por exemplo: Em vendas de carro, a maioria das pessoas mencionam o custo como o fator principal, contudo a maioria das concessionárias de automóveis lhe dirá que com uma lista de características de conforto adicionais e benefícios, a conveniência normalmente anulará a preocupação do custo.

"Se você quiser persuadir as pessoas, mostre a relevância imediata e o valor do que você está dizendo em termos de conhecer as necessidades e desejos deles."

- Herb Cohen

Passo Sete - Crie Convicção & Teste o Fechamento

Os estados emocionais que um prospecto tem que ter para se tornar um cliente são:
1. Adquira a atenção deles.
2. Consiga que eles gostem de você.
3. Os mantenha interessado.
4. Consiga que eles sintam uma necessidade.
5. Consiga que eles sintam convicção de que seu produto pode preencher a necessidade deles ou pode curar a "lesão" deles.

O propósito deste passo é mostrar como criar razões suficientes para o prospecto sentir-se convencido e certo de que seu produto ajudará a satisfazer as necessidades dele. Então nós nos mudamos para testar aquela convicção e lhe ensinaremos uma técnica para o teste de conclusão. Um testes de fechamento testa o nível da convicção do prospecto. Por este processo, nós eliminamos o risco da ameaça da rejeição de toda a venda.

O propósito inteiro deste passo é convencer o cliente de que ele está justificado para comprar. O propósito de criar convicção é apresentar fatos ou características sobre seu produto para o cliente em termos de se beneficiar de forma que nós possamos provar com evidência que comprar é a escolha certa, e conseguirmos que o cliente se comprometa conosco com convicção de que estes benefícios são aqueles que ele quer e precisa.

Não há nenhuma garantia quando você diz a um prospecto sobre algumas das características de seu produto que ele as verá como benefícios. Isto até você os sinalizar claramente.

Você alguma vez teve uma situação onde você contou para alguém o que você pensou serem grandes características de seu produto e eles as retrocederam em objeções para você? Ou fez um prospecto nem mesmo as ver como se não fossem benefícios?

A embalagem de características como benefício que o cliente concorda ser importante é o que uma unidade de convicção é.

Como nós convencemos o cliente que ele está justificado para comprar?

1. **Por congruência.** Seu próprio nível de convicção ou certeza convencerá a maioria das pessoas. Congruência acontece quando o que você está dizendo é o que você também está sentindo. O modo para ter congruência é:

A. Se condicione a ter a maior quantidade de convicção sobre seu produto com antecedência. Você não pode influenciar outra pessoa a menos que você esteja influenciado emocionalmente. Um modo para fazer isso é criar uma afirmação. Exemplo: *"Eu comando agora a minha mente subconsciente me guiar no ajudar esta pessoa para melhorar a vida dela me dando a força, emoção, persuasão, humor, tudo o que leva a mostrar para esta pessoa e conseguir que esta pessoa invista neste produto para melhorar a vida dela agora."*

Quando duas pessoas se encontram e discutem algo, a pessoa que é mais congruente – tem as maiores convicções – acaba por influenciar a outra pessoa a longo prazo.

COMO NÓS CONSTRUÍMOS UNIDADES DE CONVICÇÃO?

O modo de compra dominante da maioria das pessoas é EMOCIONAL.

Porém, a maioria das pessoas não quer sentir que elas estão comprando por razões emocionais. Ao invés, elas querem acreditar eles estão comprando por razões LÓGICAS.

Dê para as pessoas UNIDADES DE CONVICÇÃO suficientes para justificar a compra.

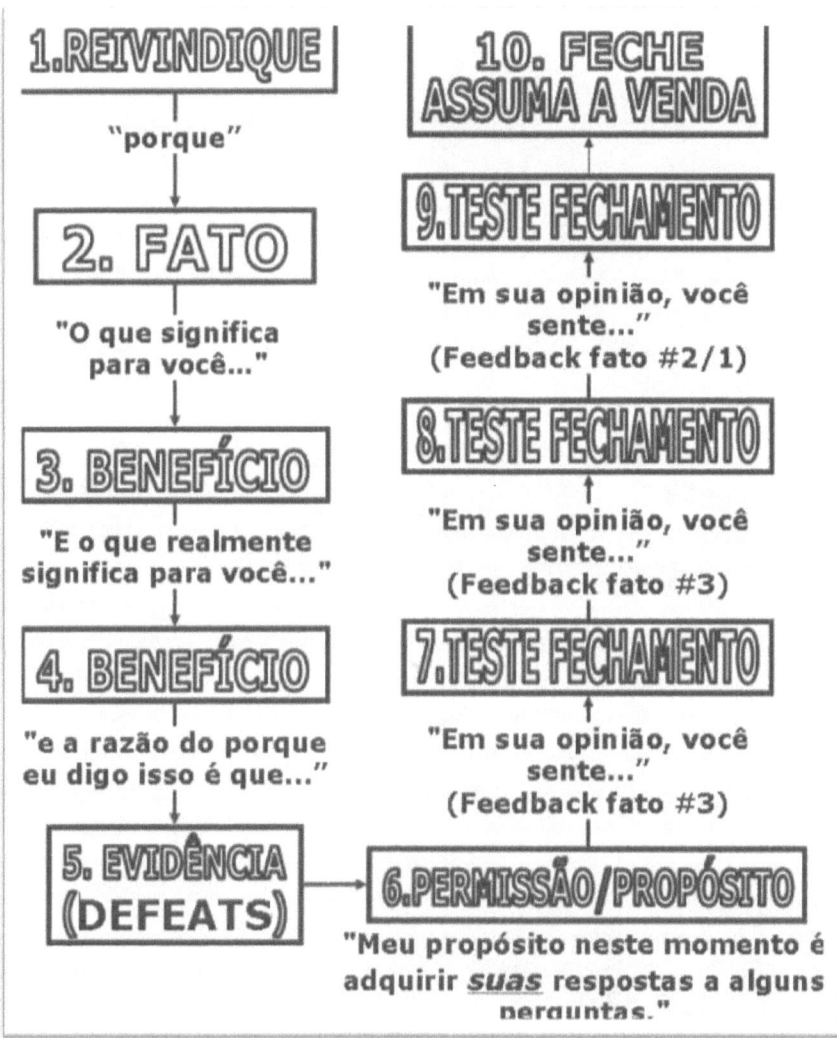

O propósito das "Unidades de Convicção" é transformar uma característica de seu produto em um jogo de benefícios que dê ao prospecto uma razão constrangedora para comprar agora.

Nós temos que unir os benefícios de forma que os sentimentos que os prospectos têm sejam REAIS, de forma que eles tenham a convicção de que estes benefícios são VERDADEIROS.

O Poder da Influência: A Psicologia dos Mestres Persuasivos

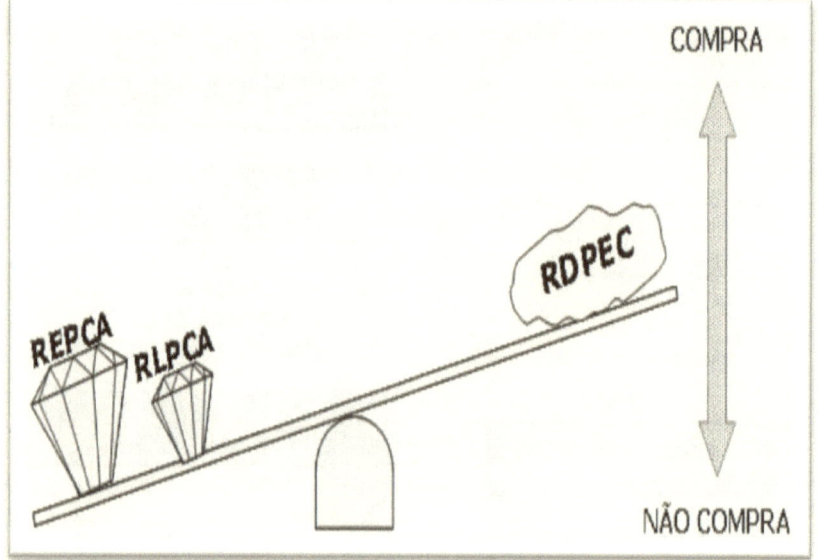

A melhor evidência é quando o cliente der isto a você porque você lhes fez uma QUESTÃO.

A diferença entre um teste de fechamento e um fechamento –

Uma pergunta final é uma pergunta que, quando a pessoa respondê-la, significa que ELES COMPRARAM.

Um teste de fechamento é fazer uma pergunta de OPINIÃO.

O teste de conclusão é a única habilidade mais importante que você tem para saber quando fechar. Como fechar é fácil. *Quando* fechar é a questão real.

Novamente, uma unidade de convicção é um jogo bem empacotado de razões para aquela pessoa se sentir mais justificada a comprar que não comprar. Como funciona? É um processo de 7 passos.

7 PASSOS PARA CRIAR CONVICÇÃO

1. **Você faz uma reivindicação gorda e grande,** uma reivindicação sobre um fato ou caracteriza sobre seu produto. Exemplo: "Nós poderíamos economizar $300,000 só este ano em economia contábil..."

   "PORQUE..."

2. **Declare um fato:** "... por causa da característica do processo ímpar em nosso novo chip de computador que processo 50 vezes mais rapidamente que qualquer outra coisa no mercado."

   "O QUE SIGNIFICA PARA VOCÊ..."

3. **Declare um benefício:** "Quais meios para você a habilidade para encolher o tamanho de seu departamento de contabilidade sem deixar quaisquer da precisão ou velocidade."

   "E QUE REALMENTE SIGNIFICA PARA VOCÊ..."

4. **Declare um benefício:** "O que realmente significa para você uma principal economia financeira como também a oportunidade de fundos para os projetos especiais que previamente você teve que segurar por falta de capital."

   "E A RAZÃO QUE EU DIGO ISSO É QUE..."

5. **Dê evidência** então na forma de "DEFEATS", ou dê uma demonstração, um exemplo, um fato, ou um ato testemunhal.

6. **Permissão para sondar:** "Meu propósito neste momento é adquirir suas respostas a algumas perguntas. Isso estaria ok?"

7. **Teste o fechamento:** "Em sua opinião, você sente poder economizar este capital como sendo algo importante para sua companhia?"

TESTE DE FECHAMENTO

Um teste de fechamento é uma pergunta sobre opinião. Eles sentem algo é importante e eles apenas dizem que "sim"? Agora que eles lhe falaram, você tem um saco de convicção que você colocou no lado deles da balança que vai lhes fazer querer comprar mais. Você tem uma unidade de convicção neste momento. Você pode fazer outra reivindicação dizendo, "Na realidade, além do dinheiro que nós economizaremos, nós também podemos fazer (qualquer outra coisa), por causa de _____ (algum outro fato ou característica) que significaria a você (um benefício), e o qual realmente significa para você _____ (outro benefício). Mas me deixe lhe perguntar, isso seria realmente importante?"

Você pode continuar empilhando sacos de características você as transformou em unidades de convicção. Você as transformou em uma reivindicação que adquiriu a atenção deles, você lhes contou um fato ou caracteriza, e você fechou isto em dois benefícios. Você lhes falou que você tem evidência, adquiriu permissão para sondar, e então lhes perguntou se era realmente importante. Assim que eles digam que "Sim", você disse que você podia entregar isto e você continuou empilhando razões. O que você fez foi construir um jogo de grandes bolsas de **Razões Emocionais Para Comprar Agora (*REPCA*)** e **Razões Lógicas Para Comprar Agora (*RLPCA*)**. Você estava lhes dando justificativas.

O Poder da Influência: A Psicologia dos Mestres Persuasivos

A pergunta principal que eu tenho para você é: Quantos fatos ou características você tem para seu produto ou serviço? Você diz que há só duas ou três características sem igual.

O TESTE DE FECHAMENTO É UMA PERGUNTA SOBRE OPÇÃO: UM FECHAMENTO É UMA PERGUNTA DE TOMADA DE DECISÃO.

Há uma grande diferença dentro de como as pessoas respondem a pergunta de tomada de decisão contra versus fazer uma pergunta de opinião. Perguntas de opinião não são tão pesadas, e as pessoas são mais hábeis para responder a elas. Fazendo assim elas estão lhe dando um compromisso, mas não se sentem tão fortes. As palavras chaves para usar para amolecer uma pergunta final em um teste de fechamento são:

"Em sua opinião você sente...?"

Fechamentos normais seriam como "Você gosta disto azul ou verde?" "Você quer começar na quinta-feira ou sexta-feira?" "Você quer 150 ou 250 destas coisas?"

Um modo para transformar este teste de fechamento seria dizer, "Em sua opinião você sente como...?" "Se você fosse prosseguir você iria quer fazer isto na terça-feira ou a quinta-feira seguinte?" "Em sua opinião, se você fosse prosseguir com isto, você iria quer 150 ou 250 – o que você pensa que você faria?"

As pessoas responderão a estas perguntas. O que um teste de fechamento faz é o deixar descobrir onde o comprador realmente está em termos de comprar. Você notará se eles responderem de um modo frio ou de um modo morno ou de um modo quente, pronto para comprar imediatamente.

O teste de fechamento lhe diz quando fechar, o que, a propósito, é muito mais importante do que como fechar. Eles o ajudam a obter o "não" mais rápido e diminuir o risco de rejeição. As palavras chaves que você pode usar, sempre que alguém começa a lhe dar uma rejeição, é "Bem, apenas suponha se nós resolvêssemos isso, nós poderíamos prosseguir então e poderíamos fazer este trabalho?" **Apenas supor** é palavra chave que o ajuda a testar o fechamento.

A chave 'SEC' do teste do fechamento é **Sempre Esteja Concluindo**. Você não deve esperar até que chegue o fim; você deve perguntar para as pessoas para corrigir com antecedência, "Isto é algo que você ficaria interessado em comprar?" "Absolutamente, eu quero comprar, façamos agora mesmo." Você pode não ter que fazer uma apresentação de vendas, muitos deles estão prontos comprar agora mesmo.

O teste de fechamento lhe diz exatamente onde você está e quando fechar de fato. Você deve testar intimamente depois de todo passo. Há três tipos de teste de fechamento:

1. **Teste de fechamento de abertura:** Esta questão não só lhe dirá qual o nível de entusiasmo ele está, mas também a motivação atrás disto.

    Q: "Quanto tempo você tem considerado adquirir um carro esportivo?"

    Q: "Você está considerando adquirir seriamente um carro hoje?"

    Q: "Por que você está considerando investir seriamente em uma ação da IBM?"

2. **Teste de fechamento de intercâmbio:** Use estes como um modo para ver com antecedência se você pode conseguir que eles deixem ir da objeção ou o medo, conseguindo que focalizem no benefício que eles poderiam ter movendo-se à frente.

O Poder da Influência: A Psicologia dos Mestres Persuasivos

Q: "Valeria um investimento inicial de $8,000 para ganhar $75,000 em renda e valorização?"

Q: "Para que você alcance sua meta, valeria um único investimento de $8,000?"

Q: "Valeria duas semanas de estudo para ser capaz de mudar qualquer convicção limitante que tenha e aumentar sua vida agora e sempre?"

3. **Teste de fechamento progressivo:** O que faz este tipo de fechamento funcionar, novamente, será somente se nós fizermos uma pergunta de uma opinião quando nós usarmos um teste de fechamento e assim as pessoas estarão confortáveis, e elas estarão dispostas a considerar as coisas. Mas como elas consideram que você está prosseguindo, movendo-se a frente. Este é um modo para prosseguir quando você parecer estar próximo a uma paralisação.

Q: "Se você fosse prosseguir com isto, quando você quereria que seu serviço começa-se?"

Q: "Se nós fôssemos superar aquele desafio, você provavelmente quereria prosseguir com este investimento, não é?"

Q: "Isto soa como algo que você gostaria de prosseguir?"

Exemplos de teste de fechamento simples seriam fazer perguntas como:

Q: "Se nós pudéssemos eliminar seu problema com _____, você provavelmente quereria prosseguir, não é?"

Q: "Como isso soa a você?"

Q: "Como você vê isso?"

Q: "No que você pensa sobre o futuro?"

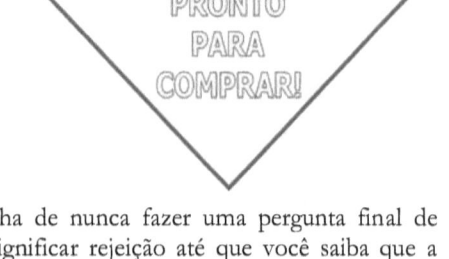

O grande poder do teste de fechamento é que ele lhe dá a escolha de nunca fazer uma pergunta final de vendas que potencialmente poderia significar rejeição até que você saiba que a pessoa está pronta para compra.

Charton Baggio Scheneider

OS SINAIS CHAVE DE COMPRA:

Estas são coisas que você deveria notar enquanto você for fazer o teste de conclusão e também não-verbalmente enquanto você está apresentando ou está falando sobre seu produto.

1. De repente a pessoa começa a ficar mais relaxada durante a apresentação.
2. Eles têm as mãos deles abertas para você.
3. Eles têm uma faísca no olho deles.
4. Eles continuam pondo a mão deles próxima ao queixo deles.
5. Eles continuam tocando a literatura, ou o próprio produto.
6. Eles ficam extremamente amigáveis durante o processo.
7. Eles começam a falar nas condições como se eles possuíssem o produto.

Novamente, se você precisa criar convicção adicional e você precisa de evidência, lembre-se do acrônimo que você aprendeu anteriormente, DEFEATS. Uma ampla porcentagem de nossa cultura ainda acredita que ver é acreditar.

D   Você pode fazer algo para **demonstrar** a eles que eles podem se sentir convencido de que isto tem valor.

E   Você pode os dar um **exemplo** lhes contando uma história semelhante sobre outra pessoa que tomou uma decisão como eles.

F   Você lhes mostrar **fatos**.

E   Você pode lhes fazer uma **exibição**.

A   Lhes dê uma **analogia** de algo semelhante.

T   Lhes dê um **testemunho**.

S   Lhes dê **estatísticas**.

QUANDO VOCÊ TESTA O FECHAMENTO, SE O PROSPECTO ESTIVER NOTORIAMENTE COM BAIXA ENERGIA OU DESINTERESSADO, IMEDIATAMENTE COMECE A ADICIONAR MAIS CONVICÇÃO.

Lembre-se, o teste de fechamento é até mesmo inestimável se o cliente parecer desinteressado ou não estiver pronto para comprar. Você sempre precisa saber onde o cliente está durante a apresentação assim você pode somar mais REPCA e RLPCA quando necessário.

Lembre-se que de fato você como um vendedor somente está fazendo uma reivindicação ao prospecto. Quando você se comunicar com o prospecto, sua convicção faz um papel principal sobre como as pessoas se sentem e o que eles fazem.

5 PERGUNTAS PARA INTEGRAÇÃO E DOMÍNIO

As distinções mais importantes que eu preciso me lembrar desta sessão são:
___
___
___
___
___
___
___

Eu posso e usarei as distinções, estratégias, ou ferramentas em meu negócio das seguintes maneiras:
___
___
___
___
___
___
___

Eu posso e usarei o que eu aprendi nesta sessão em minha vida pessoal por:
___
___
___
___
___
___
___

Durante pelo menos os próximos 7 dias eu me comprometerei com:
___
___
___
___
___
___

Charton Baggio Scheneider

A razão pela qual eu me comprometo a isto é porque me dará ou criará:
_____
_____
_____
_____
_____
_____
_____
_____

PALAVRAS-CHAVES E PONTOS DE GATILHOS

- Unidades de convicção.
- Reivindicação gorda e grande.
- Teste de fechamento – "Em sua opinião como você se sente?"
- A chave – Sempre Esteja Concluindo
- DEFEATS

"Ele que é grande pois confere os maiores benefícios."
- Ralph Waldo Emerson

FASE 3: OS COMPILA!

Charton Baggio Scheneider

Passo Oito - Torne Real & Assuma a Venda!

Nós percorremos um longo caminho. Nós nos preparamos e fizemos nossa lição de casa, nós nos ligamos, nós estabelecemos contato e adquirimos a atenção das pessoas. Nós nos conectamos pessoalmente com eles, adquirimos rapport, agarramos a atenção deles e os mantemos comprometidos.

Então nós trabalhamos para associá-los, achamos pelo que eles eram motivados, o que os dirigia, quais eram os medos deles, quais eram os valores deles, quais eram os padrões de compra deles. E nós trabalhamos para os ajudar a justificar ser capaz de comprar lhes dando muitos benefícios para fazer a compra que excederia em valor qualquer dor que eles pensassem que a compra poderia trazer. Como resultado, nós temos alguém que está comprometido e se inscrevendo agora. A fase final é os compelir, os levar para a próxima extremidade.

Para compelir o prospecto nós precisamos tornar isto real. Nós queremos que eles vejam, ouçam, sintam, cheirem, experimentem que nosso produto ou serviços vai lhes dar o que eles mais querem. Tornando isto realidade cria uma

O Poder da Influência: A Psicologia dos Mestres Persuasivos

razão constrangedora e impulso para comprar. Se o cliente não pode mentalmente e emocionalmente visualizar e experimentar os benefícios de seu produto como sendo reais, ele provavelmente não comprará.

Nossa imaginação é então dez vezes mais poderosa que nosso testamento. Pinte um quadro vívido por perguntas.

1. Perguntas mudam o que nós somos focalizados e então o que nós colocamos a atenção (a mudanças de nosso estado).
2. Perguntas mudam o que nós deletamos de uma experiência.
3. Perguntas acessam recursos.
   a. *"Qual poderia ser um dos maiores benefícios neste produto?"*
   b. *"Qual é a coisa mais importante que você aprendeu no negócio?"*

Se um vendedor diz isto então o prospecto pode duvidar disto, então é verdade.

Pegue a convicção deles e traga-a a vida. Para conseguir que as pessoas ajam, nós temos que libertar a imaginação delas. Imaginação é mais poderosa que o fato na emoção humana motriz e então criar o comportamento de compra do cliente. O propósito desta seção é ensinar os elementos específicos que fazem os benefícios de comprar e a dor de não comprar compelida e real.

Agora nós queremos tornar isto real. O que nós realmente queremos que eles façam é **VER, OUVIR, SENTIR, CHEIRAR** e experienciar que seu produto ou serviço vai lhes dar o que eles mais querem.

Vender para o **VALS** é –

- Um *realizador* vai comprar seu produto porque é **O MELHOR**.
- Se você estiver vendendo para uma pessoa *socialmente consciente*, elas querem saber que elas têm algo que seja uma **ESCOLHA INTELIGENTE**.
- Um *pertencente* vai comprar seu produto porque eles **GOSTAM DE VOCÊ**.

Se um pertencente não comprar de você, é porque eles já têm alguém para comprar e eles são amigos deles.

- Se o prospecto for um *emitador*, mostre para eles que eles podem ficar **CONFIANTES** que as pessoas vão sentir que eles tomaram a decisão certa, confiar que eles podem ter mais êxito tomando a decisão.

Como você continua a compelir alguém?

Tornando isto REAL!

"Isto foi feito realmente para eles. Eles têm que sentir que é real, realmente verdadeiro. Você tem as pessoas agora com convicção – lhes convença logicamente que eles estão justificados a comprar o produto. Agora você tem que os pegar onde eles têm impulso – eles são compelidos!"

Nós queremos fazer a experiência de comprar muito real. Se eles comprarem, vai ser o **PARAÍSO!**

- Se as pessoas não comprarem, é porque elas acreditam nas mentes delas que comprar seria mais doloroso do que comprar.
- Se as pessoas comprarem, é porque elas unem a compra mais prazer do que dor.

Eles também uniram que se eles não comprassem eles estariam perdendo algo.

"Se um prospecto não puder experimentar visualmente na mente deles desfrutando emocionalmente os benefícios de seu produto, se aquela experiência não for real na mente deles, então eles provavelmente não vão revisar a extremidade e comprar."

Se você pode os pegar onde sentem mais real, então você poderá **ASSUMIR** a venda. A imaginação é **DEZ** vezes mais poderosa que nosso testamento.

"Se eu tentar vender logicamente a você, isso é uma coisa, mas se eu puder conseguir realmente pensar em algo e fazer possibilidades em sua mente, isso coloca nozes de pessoas."

Aprenda a administrar a imaginação – 3 passos:

Tenha certeza que você pode **MOSTRAR** exatamente o que eles querem, de forma que eles realmente sintam que eles querem o que há para eles.

1. **Lhes conte uma história.**

    Tenha certeza que é **VERDADEIRA**.

    Tenha certeza é **PRECISA**.

    Tenha certeza que a história não foi você que a experimentou, mas é uma história sobre outra pessoa que teve a experiência. Inferno se você não faz, céu se você faz. Pinte vividamente.

2. **Pinte por fazer perguntas.**

    As perguntas fazem três coisas –

    a. Perguntas mudam o que nós **FOCALIZAMOS** e então nosso estado.
    b. Perguntas mudam o que nós **DELETAMOS** de uma experiência.
    c. Perguntas acessam **RECURSOS**.

    Pergunte e você receberá.

    Se as pessoas lhe falarem, então é a verdade, e é uma experiência que elas tiveram na cabeça delas.

    As **PERGUNTAS** são um modo para fazer isto real.

    Faça perguntas e as pessoas lhe darão uma resposta e elas terão uma **EXPERIÊNCIA** real.

3. **Venda com todos os CINCO SENTIDOS.**

Os maiores profissionais de vendas não apenas lhe falam sobre o produto, eles lhe dão uma **EXPERIÊNCIA**.

O que vende são as coisas que nos puseram em **ESTADO**.

Durante os próximos dez dias, crie três idéias por dia para fazer o seu produto real para o cliente. Ao término dos dez dias, você terá 30 novas idéias criativas para fazer de seu produto uma realidade.

Tente usar todos os cinco sentidos para envolver as pessoas sempre que possível: visual, auditivo, cinestésico, gustativo e olfativo.

As pessoas que recebem as mais altas somas são transformadoras de estados, indutores de estado. Tudo que você precisa fazer é tornar isto mais real e se dar mais poder.

Sempre que você encontrar um grande produtor, **MODELE** o sucesso dele!!!

Faça os clientes seguros por sentirem como os **BENEFÍCIOS** que eles estão adquirindo são **REAIS** assim eles serão compelidos para prosseguir e, assim que eles sentem que isso é real, assuma a venda.

O **ESTADO** no qual o cliente está será unido ao produto. Ponha as pessoas em um ambiente que una um estado desejado a seu produto ou serviço.

O cheiro é o modo mais rápido para mudar o estado de alguém.

"Se ponha criativo, tente tudo, mantenha o brainstorming com a expectativa de que algumas de suas idéias terá sucesso!"

Torne real e as pessoas serão **COMPLELIDAS**.

As pessoas que são compelidas irão querer comprar **AGORA**!

Torne real para eles guiando o foco deles a uma **FERIDA**.

Os faça se lembrar de qual é o desejo deles. O que você está fazendo está levando um problema e está repondo-o no colo deles, criando **MOTIVAÇÃO**.

APONTE – CONTE – PINTE

A. **APONTE** – *"Você quer um _____ que vai _____. Isto está correto?"*

   "Eu sei que você quer um sistema de contabilidade que lhe economize milhares de dólares anualmente, está correto? Isso é algo que você quer, não é?"

   (OS LEMBRE DO DESEJO DELES)

B. **CONTE** – *"Nosso _____ fará para você!"*

   "Isso é exatamente o que nosso sistema de computador fará para você!"

C. **PINTE** - *"Você possui isto e _____ acontecer."*

   (Marque hora e lugar). *"Isto é o que você realmente quer?"*

   (SOLTE SUA IMAGINAÇÃO)

"Quando você possuir este sistema de computador a eficiência em seu departamento de contabilidade saltará para 30%. Você pode entrar lá à uma hora da tarde e as pessoas não estarão preocupadas e elas não estarão chateadas porque eles não receberam o cheque deles na hora certa. As pessoas se sentem felizes. A pergunta que eu tenho é: Isso é algo que você quer? É assim que isto é em toda parte!!!"

Então... assuma a venda!!

EXEMPLO:

"Em sua companhia, quais seriam as três razões mais importantes para levar seus empregados num seminário como este? Se você pudesse enviar seus empregados a um seminário que realmente provenha resultados, quais seriam as três coisas mais importantes que você quereria que eles saíssem deste?"

"Se você não adquirir, o que potencialmente poderia lhe custar nos próximos cinco anos se você não controlar isto?"

"Se nós pudéssemos lhe ajudar a transformar esta coisa e nós realmente lhe dermos o resultado, como isso estaria nos próximos três anos? Quanto mais lucrativo você seria? Quanto mais eficiente você seria? Se nós pudéssemos lhe mostrar um modo para fazer isso, você realmente estaria interessado em fazê-lo, não é?"

Esteja certo de que você os pegou para lhes dizerem, NÃO que você lhes diga como fazer isto real para eles.

A chave inteira para este processo é tornar as **Razões Emocionais Para Comprar Agora (*REPCA*)** muito reais, muito compelidas. E também fazer a justificativa deles muito real. Torne a dor de não comprar uma realidade. Se eles não puderem se ver mentalmente usando e desfrutando e se beneficiando de seu produto, eles podem não o comprar. Você tem que criar um desejo atraindo às emoções deles. Quando a imaginação e força de vontade estiverem em conflito, a imaginação sempre ganhará. O modo para estimular a imaginação é usar uma imagem vívida em suas descrições dos benefícios. Torne real e assuma a venda desenvolvendo a imaginação por descrições VAKOG e/ou perguntas vívidas.

Use o aponte, conte, e sistema de pintura para criar desejo e adquirir o **REPCA** e **RLPCA** mais forte deles.

1. **Aponte** — reponha as mentes deles no problema: *"O que você realmente deseja é eficiência, não é?"*
2. **Conte** — os lembre do assunto fundamental e o que seu produto fará sobre isto.
3. **Pinte** — *"Você possui isto e isto é o que acontece."* Você marcou a hora e local assim eles são associados: *"Isto não é o que você realmente quer?"*

A parte mais importante é a pintura. Tenha certeza que você solta a **IMAGINAÇÃO** deles.

Perguntas para soltar a imaginação:

1. "O que você quer de...?"

O Poder da Influência: A Psicologia dos Mestres Persuasivos

2. *"Se você fosse comprar, quais são as duas ou três reações/pensamentos/resultados mais importantes que você teria que adquirir...?"*
3. *"Dessas três, qual é a mais importante?"*
4. *"Se você não adquire isso, o que poderia potencialmente custar para você nos próximos cinco anos...?"*
5. *"Se você fosse adquirir isso, o que você ganharia nos próximos cinco anos em termos de sucesso/lucro/potencial/prazer...?"*
6. *"Se nós realmente pudéssemos lhe mostrar um modo para fazer isso, você se interessaria, não é?"*

Você fez muitas perguntas para fazer do comprar o **PARAÍSO** e não comprar o **INFERNO**.

O modo para fazer isto uma realidade é conseguir que eles contem a você, não que você lhes fale.

Use escolhas elegantes ao fazer isto real. Quanto mais real você pode fazer as coisas, mais rápido você pode os convencer.

REVISÃO

- Nós realmente começamos a compelir as pessoas fazendo isso real e assumindo a venda.
- Se uma objeção surgir, nós a convertemos em um compromisso.
- Nós tornamos isto super fácil de se comprar.
- Nós criamos um futuro, um amigo que pode ajudar a construir um negócio que irá aumentar a qualidade de vida deles.

Escreva abaixo 3 perguntas que você pode fazer para fazer alguém sentir o valor de seu produto agora mesmo.

1. _____

2. _____

3. _____

5 PERGUNTAS PARA INTEGRAÇÃO E DOMÍNIO

As distinções mais importantes que eu preciso me lembrar desta sessão são:
_____
_____
_____
_____
_____
_____

Eu posso e usarei as distinções, estratégias, ou ferramentas em meu negócio das seguintes maneiras:
_____
_____
_____
_____
_____
_____
_____
_____
_____

Eu posso e usarei o que eu aprendi nesta sessão em minha vida pessoal por:
_____
_____
_____
_____
_____
_____
_____
_____
_____

Durante pelo menos os próximos 7 dias eu me comprometerei com:
_____
_____
_____
_____
_____
_____
_____
_____

A razão pela qual eu me comprometo a isto é porque me dará ou criará:

O Poder da Influência: A Psicologia dos Mestres Persuasivos

_____
_____
_____
_____
_____
_____
_____
_____

PALAVRAS-CHAVES E PONTOS DE GATILHOS

- 5 tipos de objeções – sem fundamento, infundadas, desculpas, comprador afiado, sincero.
- 6 modos para prevenir objeções.
- 10 passos para controlar qualquer objeção e convertê-las num compromisso.
- PIE & MEN.

> *"Você tem que ver primeiro claramente uma coisa em sua mente antes de você poder fazê-la."*
>
> *- Alex Morrison*

Passo Nove - Converta as Objeções em Compromissos!

Para a maioria dos profissionais de vendas o medo das objeções, do cliente dizer, "Não, eu não quero comprar", provavelmente é o maior de todos. Para a maioria significa fracasso; tempo, energia e esforço perdido; e rejeição pessoal. Os melhores profissionais de vendas no mundo fazem as suas vendas depois de um mínimo de 5 objeções. Eles vêem as objeções como algo a dar boas-vindas. O propósito deste programa é lhe ensinar um sistema que o fará tão efetivo em controlar as objeções que você as dará boas-vindas!

Até que você conheça as **OBJEÇÕES** você não pode fazer uma venda.

O QUE É UMA OBJEÇÃO?

Uma objeção é uma oportunidade para saber o que realmente está acontecendo na mente do cliente neste momento. É uma oportunidade para entender as convicções e temores que dirige esta pessoa. É uma oportunidade mais forte para fechar a venda estabelecendo um novo foco – você tem uma oportunidade para fechar agora. Se ninguém lhe der um passe, você não pode marcar um gol. Objeções são perguntas disfarçadas.

O maior erro que algum profissional de vendas pode cometer é lutar contra uma objeção. A chave para influenciar as pessoas é **ALINHAR-SE** a elas.

As duas principais categorias de objeções são:
1. Objeções responsáveis e incontestáveis, falado e não dito.
2. Aquelas que são mais difíceis são as objeções escondidas; as objeções não ditas definitivamente são incontestáveis porque você não sabe o que eles são.

Os cinco tipos de objeções são:
3. **Objeções sem fundamento:** Elas não estão baseadas em qualquer fato.
4. **Objeções infundadas:** Estática basicamente verbal.
5. **Desculpas:** O tipo mais comum de objeções.
6. **Comprador afiado:** Normalmente um sinal compra.
7. **Objeção sincera:** Uma objeção de bloqueio.

Os profissionais de vendas mais próspero do interior do país (EUA) antecipam as objeções (o que chamamos de pré-enquadre). O melhor modo para controlar uma objeção é vangloriar com antecedência sobre sua objeção assim você a torna difícil ou impossível de ser atacada mais tarde.

Seis Modos para Prevenir Objeções

1. Tenha um forte e pleno rapport para que a pessoa não queira lhe contestar.
2. Use teste de fechamento para eliminar os problemas com antecedência.
3. Use ferramentas inconscientes de influência, i.e., reciprocidade, prova social, etc.
4. Use contraste em você e no prospecto.
5. Controle a objeção quando for pequena antes que cresça e torne-se um monstro.
6. Alinhe-se com qualquer objeção.

É importante entender o que a objeção é e por que o prospecto tem a objeção.

Quando alguém lhe der uma objeção, este é o teste de fechamento definitivo, em quão duro você deveria empurrar. Pergunte-se, "Apesar desta objeção, os benefícios que esta pessoa recebe deste produto serão muito maiores que as coisas eles têm medos ou sobre as preocupações?" Se a resposta for, "Sim, eles se beneficiarão muito mais que a preocupação que ele tem", então congruentemente responda e faça tudo que for necessário para eliminar as objeções deles.

Como você faz para passar por uma objeção?

- Os maiores profissionais de vendas controlam uma objeção **ANTECIPANDO-A**.
- **VANGLORIE-SE** com antecedência sobre ela.
- O melhor modo para prevenir objeções:
  1. Tenha um forte nível de **RAPPORT**.
  2. Use o **TESTE DE FECHAMENTO.**
  3. Use ferramentas de influência inconsciente.
  4. Use **CONTRASTE**.
  5. Mate o monstro enquanto ainda for **MINÚSCULO**.

Como controlar uma objeção:

- Nunca discuta, sempre acompanhe e conduza.
- Use a aproximação do Aikido.
- Alinhe e Redirecione.

Exemplo de perguntas para transformar objeções em compromissos:

Vendedor: Em sua opinião, você sente que você gostaria de fazer isto com toda a sua família ou somente com você? (Teste de fechamento)

Charton Baggio Scheneider

(cena)	**PASSO 5** **FAÇA DESTA A OBJEÇÃO FINAL** (SE FOR SIM VÁ PARA O PASSO 6, SE FOR NÃO VOLTE AO PASSO 3)
(cena)	**PASSO 4** QUESTIONE PARA ADQUIRA MAIS INFORMAÇÃO SE ESTA É A REAL OBJEÇÃO E POR QUE ISTO É IMPORTANTE
(cena)	**PASSO 3** ALIMENTE-O (BEM)
(cena)	**PASSO 2** O OUÇA (ELE PODE PERDER O VAPOR)
(cena)	**PASSO 1** IGNORE ISTO (ELE PODE NÃO QUERER FALAR)

O Poder da Influência: A Psicologia dos Mestres Persuasivos

O aspecto mais importante de controlar uma objeção é estar no lado deles, se **ALINHAR** com qualquer objeção.

"Influência a longo prazo vem quando as pessoas sabem que você cuida delas, quando elas acreditam que você é como elas, que você é inteligente e você está vindo de um ponto de vista inteligente."

Você não só quer saber qual é a objeção, mas **POR QUE** – as razões.

Uma vez que você sabe as razões, você pode usar as mesmas razões para fazer alguém comprar.

DEZ PASSOS PARA CONTROLAR QUALQUER OBJEÇÃO

Passo 1. IGNORE

Por que ignorar? Porque eles podem não ter desejado dizer isto!

Exemplo de uma objeção automática –

"Eu só estou olhando..."

O melhor modo para controlar uma objeção automática é fazer melhores perguntas, perguntas que ENGAGEM o cliente.

Por exemplo:

"Qual é sua cor favorita?"

"Qual é a temperatura que você gosta?"

A maioria das objeções que as pessoas propõem são AUTOMÁTICAS.

O maior desafio que a maioria dos profissionais de vendas tem:

- O **MEDO** deles de objeções.
- A convicção deles de que você tem que lutar contra uma objeção e enterrá-la ou você perderá a venda.
- O desejo incrível deles para responder **TODA** objeção possível.
- Controlar objeções que não são **REAIS**.

Não seja excitado para controlar uma objeção. Apenas deixe fluir, dê uma olhada nela... Ignore-a...

Passo 2. OUÇA A PESSOA.

Por quê? Porque eles podem perder o vapor!

"Você alguma vez notou que quando algumas pessoas estão realmente chateadas, se você for cortado simplesmente não se defenda, apenas os escute, realmente os escute sinceramente, eles perderão o vapor e responderão a própria objeção deles?"

Passo 3. ALIMENTE-O BEM!

Alimente-o com uma pergunta. Por exemplo: "Isto custa muito???"

Passo 4. QUESTIONE A OBJEÇÃO.

O Poder da Influência: A Psicologia dos Mestres Persuasivos

"Você e eu sabemos que você tem razões para dizer isso. Você pode me responder se eu lhe perguntar quais são elas?"

Adquira permissão e seja **CORTÊS**.

Passo 5. FAÇA DESTA A OBJEÇÃO FINAL.

O caminho para nós fazermos da objeção a última é usar o enquadre "como-se" e o teste de fechamento.

Escute fortemente! Quando as pessoas lhe contarem as razões para as objeções, você tem o poder agora para fechar a venda porque você sabe o que realmente está as motivando agora.

Adquira um parceiro e faça-o lhe alimentar com 3 objeções e as controle até o quinto passo. "Faça desta uma objeção final". Repita este processo mais e mais. Troque.

Passo 6. ELINHE-SE com o prospecto e proveja uma ALMOFADA.

Tire um tempo e aprenda sobre o prospecto. Você está fazendo um amigo. Você quer um número grande de vendas no futuro e um número grande de indicações. Quanto mais você souber sobre desta pessoa, mais você poderá as influenciar de um modo positivo. Quando você usa a palavra "mas", você faz outra injustiça à pessoa.

As três frases do <u>Enquadre de Acordo</u> são:

1. Eu aprecio e...
2. Eu respeito e...
3. Eu concordo e...

"Estas três frases, são tão simplista quanto eles parecem ser, é mágico como elas podem transformar alguém do agressor a estar alinhado com você e conseguir que eles vejam seu ponto de vista simultaneamente. O segredo é basicamente que você os reconhece como seres humanos, sinceramente".

Você sempre pode respeitar, pode apreciar ou pode concordar com pelo menos uma ou duas coisas que o prospecto disse:

    Você pode respeitar, pode apreciar ou pode concordar com os **SENTIMENTOS** que eles estão tendo.

    Você pode respeitar, pode apreciar ou pode concordar com a **INTENÇÃO** do que eles estão dizendo.

O processo está em aprender a dançar – aprendendo a alinhar e não briga.

"Se você luta contra o prospecto que quando ele lhe der uma objeção, você limitou sua renda, seu sucesso e sua carreira. Se você aprende a dançar, alinhar e redirecionar, então você cria para você um futuro onde você pode jogar a qualquer nível que você queira."

Nós lhes demos a almofada emocional...

"Outras pessoas sentem-se deste modo..."

Nós estamos alinhados e nós estamos numa posição onde nós estamos no mesmo lado, conectados.

Passo 7. Transforme a objeção numa PERGUNTA.

(Você não pode responder a uma objeção, mas você pode responder a uma pergunta!)

Aprenda esta frase –

"Deixe-me expor uma questão, a pergunta é... é esta a verdadeira pergunta...?"

Perguntas são o foco da experiência humana. Você muda a pergunta e você muda o modo como as pessoas estão experimentando as coisas.

As pessoas fazem perguntas que pressupõem coisas. **Você pode fazer uma pergunta que pressupõe coisas de um modo positivo.**

Você deve mudar o foco deles desta coisa dura, real (a objeção) em uma **PERGUNTA**.

Por exemplo:

- *"Como você pode obter muito mais valor aqui que você jamais pensou que você pudesse obter?"*
- *"Você adquirirá muito mais valor do que você pensou que você poderia obter?"*
- *"Você adquirirá o que você realmente quer fazendo um investimento aqui?"*
- *"Como nós podemos ter certeza você pode obter os benefícios deste programa agora mesmo?"*

Uma vez que eles dizem "sim", o foco se torna a resposta agora à pergunta.

Um bom modo para fazer uma pergunta é abrir uma **LESÃO NOVAMENTE**.

Se você vai transformar uma objeção em uma pergunta, por que não faz simultaneamente a pergunta os fazer lembrar do problema deles e a motivação deles para comprar?

Exemplo...

- *"Se nós não fizermos isto, não vai custar muito mais?"*
- *"Não seria importante para nós descobrirmos como você pode fazer para que assim você não tenha que sofrer nunca mais?"*
- *"Você se beneficiaria mais de nosso plano apesar da despesa inicial?"*

O propósito inteiro é conseguir que eles focalizem nos benefícios em vez das preocupações. Você está enquadrando o foco deles.

O Poder da Influência: A Psicologia dos Mestres Persuasivos

> Junte-se novamente com seu parceiro e pegue as mesmas 3 objeções que você passou no Exercício #1 e agora acrescente os Passos 6 e 7. Alinhe-se com eles e transforme as objeções em perguntas. Repita este processo mais e mais. Troque.

Passo 8. Responda a pergunta. PIE & MEN.

P POR QUE

I INVERTA

E EXCEDA EM VALOR

O modo como você excede em peso e objeta é usar uma pergunta de valor, *"Isto não é retificando que _____ é mais importante que suas preocupações?"*

&

M MINIMIZE Reduza para o ridículo.

E EXPLIQUE

N NEGUE

> Das 3 objeções que você trabalhou nos Exercícios #1 e #2, desenvolva 3 respostas diferentes a cada uma delas, cada uma baseada sobre "**PIEMEN**".
>
> *Exemplo:*
>
> **Objeção:**   *"Custa muito."*
>
> **Por que:**   *"Por que você está considerando isso agora? Você há pouco acabou de dizer para mim o quão desesperadamente você precisa disto."*
>
> **Inverta:**   *"É por isso exatamente que você tem que fazer isto, porque continuará valendo muito até que você comece a ganhar mais dinheiro que é a razão do por que você deveria investir agora nisto, assim você pode ganhar mais."*
>
> **Exceda em valor:**   *"É verdade, vale muito, mas quanto custará se você não fizer isto? Fora o quanto você perderá? Qual será a perda a longo prazo que você experimentará se você não fizer o investimento?"*
>
> **Minimize:**   *"Definitivamente é um investimento, mas quando você considera que você gasta aproximadamente $4,000 por ano agora em biscoitos para seus empregados, parece um investimento pequeno, não é?"*
>
> **Explique:**   *"Você tem razão, é um grande investimento, e as razões são que estarão lá 7 pessoas que trabalharam em tempo integral só em sua conta. Você vai estar empregando um departamento inteiro."*
>
> **Negue:**   *"Não é caro comparado a qualquer outra coisa que exista. Eu penso que você deveria conhecer, aqui estão cinco outras companhias que são nossas grandes clientes."*
>
> Por criar 3 tipos separados, diferentes de respostas com antecedência para responder as 3 objeções que você mais ouve, você estará completamente armado para controlar qualquer objeção que um prospecto possa lhe dar.

OBJEÇÃO #1 _____
_____

RESPOSTAS

POR QUE: _____
_____
_____

INVERTA: _____
_____
_____

EXCEDA EM VALOR: _____
_____
_____

O Poder da Influência: A Psicologia dos Mestres Persuasivos

MINIMIZE: _____
_____
_____

EXPLIQUE: _____
_____
_____

NEGUE: _____
_____
_____

OBJEÇÃO #2 _____

RESPOSTAS

POR QUE: _____
_____
_____

INVERTA: _____
_____
_____

EXCEDA EM VALOR: _____
_____
_____

MINIMIZE: _____
_____
_____

EXPLIQUE: _____
_____
_____

NEGUE: _____
_____
_____

OBJEÇÃO 3 _____
_____

RESPOSTAS

POR QUE: _____
_____
_____
_____

INVERTA: _____
_____
_____
_____

EXCEDA EM VALOR: _____
_____
_____
_____

MINIMIZE: _____
_____
_____
_____

EXPLIQUE: _____
_____
_____
_____

NEGUE: _____
_____
_____
_____

Passo 9. Amarre.

"Isso faz isto, não faz isto?"

Passo 10. Assuma a venda!

- Felicite o prospecto por uma decisão sábia.
- Tire seu talão de notas. A faça-o assinar em branco.
- Faça uma ligação.

"Deixe-me fazer uma ligação ao escritório nacional..."

Agora pegue as mesmas objeções usadas nos exercícios anteriores e passe-as pelos Passos 9 e 10. Amarre e teste de fechamento, assuma a venda, e felicite o prospecto por uma decisão sábia. Troque.

O Poder da Influência: A Psicologia dos Mestres Persuasivos

OBJEÇÃO #1

Prospecto: Isto custa muito. Eu fui a outros lugares e custa muito mais aqui do que lá.

Vendedor: (Transforma a objeção em pergunta) Você tem toda a razão. Eu posso apreciar como você se sente sobre isso. Eu tive outras pessoas que me disseram a mesma coisa porque é verdade que o investimento inicial é maior. Isso expõe uma pergunta, e a pergunta é: Apesar do custo inicial, nosso produto pode criar um muito mais lucro para você do que o que você está pretendendo adquirir? Esta não é a verdadeira questão? Onde você pode obter o maior valor por real aplicado? (Uma vez que eles dizem que sim, você pegou uma objeção e a transformou em uma pergunta para onde você pode obter o maior valor. Agora você pode responder aquela pergunta.)

OBJEÇÃO #2

Prospecto: É um investimento muito grande para mim.

Vendedor: Eu posso apreciar isso – Eu tenho muitas pessoas que me disseram isso, porque é um investimento chave. Isso expõe uma pergunta e a pergunta é: Você pode, apesar de sua preocupação, obter muito mais valor aqui do que você pensou que você poderia obter? A real pergunta é, apesar de sua preocupação, você pode obter o que você realmente mais precisa aqui fazendo o investimento agora. Não é esta a verdadeira questão?

OBJEÇÃO #3

Prospecto: Não há dinheiro no orçamento.

Vendedor: Eu posso apreciar isso. Você sabe, eu tenho notícias de muitas companhias que não têm um orçamento para este tipo de programa ou que gastaram o orçamento delas ao final do ano. Isso expõe uma questão e a pergunta é: Como nós podemos ter a certeza que você não está sendo roubado agora mesmo dos benefícios deste programa e ainda poder prosseguir e fazer as coisas que você precise fazer para fazer que esta organização cresça. Não é esta a verdadeira questão?

Ou

Isso expõe uma questão. A real pergunta é: Como nós organizamos o caminho nós fazemos de um modo que você obtenha os benefícios dos quais você precisa agora apesar de tudo aquilo. Não é esta a verdadeira questão?

OBJEÇÃO #4

Prospecto: Eu não tenho o dinheiro.

Vendedor: Eu sei que você não tem o dinheiro agora mesmo, eu posso apreciar isso; também é estado apertado para mim. Isso expõe uma questão. Embora você não tenha o dinheiro, a real questão não é como nós achamos o dinheiro para que assim você possa adquirir agora e os benefícios para que você não tenha que sofrer por _____? Não é esta a questão?

OBJEÇÃO #5

Prospecto: Eu não posso dispor para ir aquele programa.

Vendedor: Eu posso apreciar isso, os tempos estão difíceis. A questão é se nós podemos lhe dar os resultados que nós prometemos neste programa. Não é esta a pergunta? Como nós podemos lhe ajudar a achar algum modo para fazer isto acontecer?

EXEMPLOS "PIE & MEN" (Acrônimo para fechar a venda):

P: Por que: Por que você me daria uma objeção depois de você há pouco ter me dito o quanto você precisa do produto? (Por que representa a pergunta por que ela é semelhante a contestar no primeiro lugar.)

I: Inverta.

Objeção: Eu não tenho dinheiro suficiente.

Resposta: Essa é exatamente a razão do por que você deveria ir agora. Porque não pode obter nada mais barato – na realidade, isto vai ser depois muito mais difícil se você perder a coisa que você mais precisa. Isso é por que você tem que fazer isto agora, **porque** você não tem o dinheiro.

(Em primeiro lugar, mostre os facilitadores depois do exemplo onde eu fiz as perguntas e as inverta. Então depois do I, invertendo, os façamos se exercitar lá e então os invertemos depois que eles excederem isto em valor.)

E: Exceda em valor.

Exemplo: Medo da resposta do prêmio do seguro

Resposta: Eu sei que você quer cuidar de seu filho provendo-lhe educação, assim não é isto que retifica o prêmio ser muito menos importante do que ter a certeza absoluta de que o destino de seu filho será apoiado? (Cercando uma objeção por valores fortes excede isto em valor.)

M: Minimize a Objeção.

Vendedor: Você certamente tem razão – é um grande investimento. Me deixe lhe perguntar, quanto tempo você pensa que você usaria este produto? Quanto é isso por ano, quanto é isso em relação ao que você pensou que o outro produto seria? Assim a diferença é de vinte centavos por dia. Você vai deixar centavos por dia se oporem ao modo de ter o que você sabe ser muito melhor, tendo o que você realmente quer?

E: Explique a Objeção.

N: Negue como infundado (não vigorosamente, mas com convicção), como uma objeção que não tem nenhuma base verdadeira.

Depois da venda, os felicite por uma decisão sábia em vez de lhes agradecer por ter feito a venda.

O Poder da Influência: A Psicologia dos Mestres Persuasivos

1. **Querer/lesão (ou desejo)** – aumente o desejo, aumente a lesão, i.e., o que lhe custará não fazer isto. "Você pode me contar o que valeria fazer este programa, mas eu tenho uma pergunta para você: O que lhe custará se você não entrar em ação hoje sobre isto?"
2. Você precisa proporcionar ao cliente suficientes justificativas para comprar. A chave para justificar crescentemente é adicionar mais informação sobre os benefícios.

Muitas conclusões de vendas são fechadas por consentimento implícito. Suas primeiras palavras para o prospecto deveriam ser um fechamento. Você pode começar com algo como, "Assim, você gostaria de possuir um _____ hoje?" Lembre-se, o prospecto está freqüentemente pronto para compra antes do fechamento final. Por continuamente testar o fechamento, você levantará cedo as intenções deles e as objeções deles no jogo. O fechamento pode ser tentado a qualquer hora depois de uma resposta quente de um teste de fechamento.

Se uma objeção aparecer no fechamento, volte para a fase de convicção e os carregue com unidades de convicção. Venda às emoções deles e para o sistema de justificativa lógica deles. O único real problema no fechando normalmente é superar a indecisão. Profissionais de vendas, depois de qualificar as necessidades do prospecto, têm que tomar a decisão para eles e têm que conseguir que eles concordem. Você tem que controlar o peso dos prós versus os contras e não deve deixar os medos deles estarem no controle.

O fechamento mais efetivo é um **fechamento de escolhas alternadas**. Fechamentos de escolhas alternadas decidem quando você vai fazer algo, não se você vai fazer isto. Depois que você fizer uma pergunta de fechamento, é crítico ficar quieto e não conversa. A primeira pessoa que falar perde. Como Jay Douglas Edwards, o grande treinador de vendas dos anos cinqüenta costumava dizer, "Lembre-se, se você não lhes pedir para comprar e lhes der uma razão para comprar agora, eles procrastinarão."

Você tem que criar um senso de urgência com REPCA e RLPCA. Vender é muito simples se você fizer o prospecto gostar de você e você achar o real interesse ou problema do prospecto. Lhes venda a lesão e torne vívido. Esteja excitado sobre o que você pode fazer para eles. Lhes ofereça soluções que sejam vívidas e reais. Mantenha o teste de fechamento a cada passo, e feche em toda resposta quente que você tenha em um teste de fechamento. Sempre use o fechamento de escolha alternada.

DISTINÇÕES ADICIONAIS:

UM SISTEMA PARA CONTROLAR "EU QUERO REFLETIR SOBRE ISTO"

1. Sempre concorde com o cliente.
2. Depois de concordar com ele, mostre a lesão dele e incite.

    Exemplo:

Prospecto: "Eu quero refletir sobre isto."

Vendedor: "Eu entendendo como você se sente. Eu também posso entender os problemas terríveis que você pode ter com não controlar isto agora, isto não está correto?"

(INCITE A LESÃO)

1. **Os lembre de que você pode lhes ajudar a curar a lesão.**

   Vendedor: "Nós podemos solucionar aquele problema..."

   (OS LEMBRE QUEVOCÊ PODE LHES AJUDAR A CURAR A LESÃO)

2. **Use o enquadre "como se".**

   Vendedor: "Assumamos que você tem usado nosso serviço..."

   (USE O ENQUADRE "COMO SE" PARA POSSUIR EM VEZ DA OBJEÇÃO DELE)

3. **Teste de fechamento.**

   Vendedor: "Você tem um plano de ação ou quer que eu sugestione um?"

   (TESTE DE FECHAMENTO)

5 PERGUNTAS PARA INTEGRAÇÃO E DOMÍNIO

As distinções mais importantes que eu preciso me lembrar desta sessão são:

_____
_____
_____
_____
_____
_____
_____
_____

Eu posso e usarei as distinções, estratégias, ou ferramentas em meu negócio das seguintes maneiras:

_____
_____
_____
_____
_____
_____
_____

Eu posso e usarei o que eu aprendi nesta sessão em minha vida pessoal por:

O Poder da Influência: A Psicologia dos Mestres Persuasivos

_____
_____
_____
_____
_____
_____
_____

Durante pelo menos os próximos 7 dias eu me comprometerei com:
_____
_____
_____
_____
_____
_____
_____

A razão pela qual eu me comprometo a isto é porque me dará ou criará:
_____
_____
_____
_____
_____
_____
_____

PALAVRAS-CHAVES E PONTOS DE GATILHOS

- 5 tipos de objeções – sem fundamento, infundadas, desculpas, comprador afiado, sincero.
- 6 modos para prevenir objeções.
- 10 passos para controlar qualquer objeção e convertê-las num compromisso.
- PIE & MEN.

"Nunca, nunca, nunca, nunca, nunca se renda."
  - *Winston Churchill*

"Ele conquista que suporta."
  - *Persius*

Passo Dez - Torne Fácil & Crie Um Futuro!

Neste momento no processo de venda, fechar a venda é um assunto de apenas tornar isto fácil para poder comprar. Supor a venda é a fundação de toda persuasão efetiva. O propósito de uma suposição de venda é deixar o cliente saber que eles já compraram. Esta seção lhe ensinará uma série de modos de assumir a venda, e então como tornar esta venda em vendas múltiplas. Esta seção também o ajudará a desenvolver relações a longo prazo em uma base de indicação.

REVISÃO

- Trabalhe você.
- Administração do estado.
- Ritual diário de resultados.

Os Dez Passos Para Maestria em Vendas!!

1. **Prepare-se & Faça Sua Lição de Casa!**
    - Conheça seus produtos.

O Poder da Influência: A Psicologia dos Mestres Persuasivos

- Conheça seus competidores.
- Conheça as necessidades e desejos de seu cliente.
- Saiba as objeções com antecedência.

2. **Ligue-se!**
   - Peak state.
   - Onde você está em uma escala de 1 a 10?
   - O termômetro do humor.

3. **Estabeleça Contato & Adquira a Sua Atenção!**
   - Quanto mais você faz, mais você faz!
   - Sim, você foi interrompido... até que você possa obter a atenção deles.
   - SCREAM PIGS.

4. **Conecte & Fique o Seu Melhor Amigo!**
   - Completamente associado... assim você pode se preocupar.
   - O interesse do cliente vem primeiro.
   - Devolva elogios sinceros sobre as razões.
   - Se você e eu formos os construtores de pessoas, nós nunca temos que nos preocupar com renda.

5. **Crie Interesse!**
   - Todo ouvido, faminto para ouvir nossa apresentação.
   - Unidades de interesse.
   - Reivindicação gorda e grande.
   - Eles estão todo ouvidos, eles são seu amigo, e você fez uma forte conexão real.

6. **Os Qualifique! Sonde o Problema & Aumente a Lesão!**
   - As pessoas têm estados diferentes que eles chamam de prazer.
   - Os estados que nós mais valorizamos são chamados de valores.
   - A maioria das pessoas fará mais para evitar a dor do que eles farão para obter prazer.
   - Você não pode comercializar prosperamente da mesma maneira o mesmo produto a pessoas com valores diferentes.
   - NDFAD!
   - Padrões de compra – possibilidade ou necessidade, VAK, estratégia de convencimento.

7. **Crie Convicção & Teste o Fechamento!**
   - Lhes dê toneladas de razões para comprar.
   - As razões deles, não nossas.
   - REPCA e RLPCA
   - Unidades de Convicção
     Um fato ou uma característica em uma bolsa com dois benefícios.
   - O Teste de Fechamento é seu melhor amigo.
8. **Torne Real & Assuma a Venda!**
   - Solte a imaginação deles.
   - Paraíso se você compra, inferno se você não faz.
   - Faça perguntas.
   - Torne tridimensional (tempo e lugar).
9. **Converta as Objeções em Compromissos!**
   - **Dez Passos –**
     Os ignore, os ouça, alimente-os, os questione, faça disto uma decisão concludente, alinhe e proveja uma almofada, enquadre de acordo, transforme objeção em perguntas, responda a pergunta (**PIEMEN**), amarre e teste de conclusão.
   - Você nunca deve tentar fechar com alguém a menos que eles estejam prontos para compra.
   - Assuma a venda.

PASSO 10. TORNE FÁCIL & CRIE UM FUTURO!

Nunca ataque o prospecto se eles tiverem outra objeção. Você deve controlar as objeções com antecedência de forma que isto seja fácil para eles comprarem.

"Quão poderoso isto vai ser se no mesmo momento que fechar você induz reciprocidade lhes dando um presente. Outra opção, outra escolha, um novo produto...?"

Modos para assumir a venda –
- Fechamento com ORDEM DE PAGAMENTO EM BRANCO.

  Lembre-se, você tem que fazer uma pergunta para preencher a ordem. Quando você faz a pergunta, você focaliza a atenção deles.

  Assumir a venda significa que você está pronto para deixar que o comprador saiba que eles estão comprando.
- Fechamento **SECUNDÁRIO**.

O Poder da Influência: A Psicologia dos Mestres Persuasivos

Quanto mais parecer que não há nenhuma decisão, mais fácil é fazer a venda.

O fechamento de **ESCOLHA ALTERNADA**.

Você oferece para alguém uma de duas escolhas, e qualquer uma das duas que eles escolherem, eles compram.

- OS FELICITE!

  Não lhes agradeça pela venda, você ganhou isto!

- Use **CONTRASTE** para tornar isto fácil.

  "Eu estou muito feliz por você estar comprando agora porque o preço vai dobrar em seis meses."

- Faça isto **DIVERTIDO**!

  Se você puder fazer alguém rir ao término do fechamento, você torna isto fácil.

Como você tem certeza que você não terá o remorso do comprador?

- O melhor modo para não obter o remorso do comprador é a qualidade de sua relação e o modo como você os qualificou.
- Aprenda a criar um **FUTURO** para seu produto.

Passo-ao-futuro significa que, uma vez que o comprador tomou a decisão para comprar, você os pôs em seu futuro e então descreve como seu produto vai lhes beneficiar.

Faça seu prospecto unir a seu produto específico ou serviços benefícios dos quais durarão por muito tempo.

"Se você for espelhar o futuro toda vez que seus clientes, eu repito, **toda vez***, antes deles deixarem sua presença, e você tem certeza, está absolutamente certo que eles criaram um futuro para seu produto, então esta coisa chamada remorso do comprador será uma coisa do passado."*

Indicações — *"O único modo que eu posso construir meu negócio é através das pessoas que estão satisfeitas comigo, que sentem que eu faço um bom trabalho. Essas pessoas me referenciam a outras pessoas com as quais eles se preocupam. Eu fiz um trabalho bom para você? Você me faria um favor em retorno? Eu posso pedir-lhe os nomes de cinco pessoas que (descreva em detalhes)."*

Uma indicação vale **15** chamadas frias.

Como você usa as indicações?

Adquira **INFORMAÇÕES** sobre a indicação.

- *"Como você pensa que eles podem usar meu produto?"*
- *"O que você mais gosta sobre esta pessoa?"*

Use um elogio de **TERCEIROS**.

Você deve usar toda venda para construir seu negócio com mais **INDICAÇÕES**.

Você deve criar uma relação a longo prazo com seus clientes –

- Use um arquivo alfabético dividido em 13 seções.
- A cada semana, envie uma nota ou agradecimento.

Deste modo, você cobrirá duas letras do alfabeto a cada semana e você terá estabelecido contato com pelo menos todos os seus clientes quatro vezes por ano.

Toda vez que você faz uma venda você faz um amigo vitalício.

"Você e eu temos o negócio definitivo – nós estamos em um lugar onde, se nós nos preocupamos profundamente o bastante e se nós realmente formos profissionais, se nós achamos as necessidades das pessoas e realmente as realizamos, então nós conseguimos conhecer amigos vitalícios e nós cobramos para os ter."

Chaves para tornar isto fácil:

1. Nunca ataque o prospecto.
2. Sempre controle as objeções com antecedência para prevenir qualquer interpretação de um ataque no prospecto por ele.
3. Pré-enquadre excelente torna isto fácil para as pessoas se registrarem mais tarde.

Torne fácil para o prospecto comprar, amarre a venda, e crie uma relação futura com ele para repetir o negócio e indicações.

Ao ponto do fechamento ou logo antes, dê ao prospecto um presente (induzir reciprocidade) – outra opção, outra escolha, outro produto, um complemento, etc.

ASSUMA A VENDA

Isto é deixar o comprador saber que ele está comprando.

Modos para assumir a venda:

1. **Fechamento com ordem de pagamento em branco:** Faça o cliente conscientemente ficar atento de que ele comprou. Faça perguntas detalhadas para focalizar no procedimento de compra, não em objeções.
2. **Fechamento secundário:** "Deseja que nós projetemos os envelopes para ficar com o logotipo redondo?"
3. **Fechamento de escolha alternada:** Ofereça uma de duas opções, mas qualquer opção é uma compra. "Você gostaria que entregássemos no sábado ou no domingo?" "Você vai querer que eu entregue isto pessoalmente ou eu posso mandar um de nossos profissionais entregar isto?"
4. **Felicite o prospecto:** Não por ter comprado, mas por uma decisão sábia. Os faça pensar que eles fizeram a coisa lógica.

5. **Use contraste:** "Eu estou muito feliz por você estar comprando agora porque o preço terá um aumento nos próximos 30 dias."

Torne Isto Divertido!!!

Como eliminar o remorso do comprador:

As pessoas não querem acreditar que elas compraram por razões emocionais. Elas justificam por razões lógicas.

Use **perguntas** para eliminar o remorso do comprador:

Vendedor: "Maria Cláudia, eu sei que você está realmente entusiasmada sobre comprar este furgão, isto está correto? É o furgão certo? Você está realmente segura? Deixe-me lhe fazer uma pergunta: Daqui a um ano, o que você estará fazendo com este furgão que realmente a fará sentir que valeu a pena e a fará contente por você ter tomou esta decisão hoje?"

(Permita que o cliente faça um link em sua mente dos benefícios específicos a seu produto que continuará com o passar do tempo.)

Converta esta relação que você desenvolveu em um novo negócio por indicações.

COMO OBTER INDICAÇÕES:

1. **Acredite que você as obterá.**

    Modos para adquirir indicação:

    Vendedor: "Me deixe lhe fazer uma pergunta, eu fiz um trabalho bom para você?"

    Cliente: "Claro que sim."

    Vendedor: "Você poderia me fazer então um favor como retribuição? **(induzindo reciprocidade)** Você poderia me dar os nomes de 5 pessoas que são chaves em companhias e que têm pelo menos 25 profissionais de vendas? **(Descreva em detalhes e realmente peça mais indicações que você queira obter.)** Eu lidarei com eles com a mesma integridade como eu lidei com você. Eu tenho certeza que eu satisfarei as reais necessidades deles e se eu não puder, eu não desperdiçarei nada do tempo deles. Assim você abriria sua agenda aí mesmo e me daria pelo menos 5 nomes?"

2. **Associe** o cliente o apoiando a obter estas indicações. Possivelmente peça para ele ligar para 2 dos 5 para você certificar-se então.

3. Ofereça um desconto de indicação ou **presente** de indicação.

4. Busque muita informação sobre a **indicação** – tanta quanto for possível de seu cliente – quem eles são, quais são os interesses deles, etc.

COMO USAR INDICAÇÕES PARA CRIAR UM FUTURO:

1. Ofereça um **elogio genuíno** dado pelo cliente anterior.

   Vendedor: "Seu Fagundes? Seu Paulo Fagundes? Seu Fagundes, você não sabe quem eu sou, mas nós temos um amigo mútuo e este amigo é Roberto Schmith. Roberto Schmith me contou algo sobre você que eu pensei ser realmente incrível. Ele sente que você teria tremendo benefício se eu fosse lhe expor uma idéia que nós temos. A propósito, meu nome é Charton Baggio e eu sou da "Recursos Ilimitados".

2. Crie um **arquivo de pessoas chave**. Taxe seus clientes de acordo com a freqüência de contato que você deseja manter. Use um fichário de 3x5 com 13 semanas separadas pelo alfabeto. Contate os A's e os B's durante a 1ª Semana, com um telefonema, uma nota de contato, ou uma nota de agradecimento. Na 2ª Semana, contate os C's e D's, etc.

5 PERGUNTAS PARA INTEGRAÇÃO E DOMÍNIO

As distinções mais importantes que eu preciso me lembrar desta sessão são:
___
___
___
___
___
___
___

Eu posso e usarei as distinções, estratégias, ou ferramentas em meu negócio das seguintes maneiras:
___
___
___
___
___
___
___

Eu posso e usarei o que eu aprendi nesta sessão em minha vida pessoal por:
___
___
___

O Poder da Influência: A Psicologia dos Mestres Persuasivos

_____
_____
_____
_____
_____

Durante pelo menos os próximos 7 dias eu me comprometerei com:
_____
_____
_____
_____
_____
_____
_____
_____

A razão pela qual eu me comprometo a isto é porque me dará ou criará:
_____
_____
_____
_____
_____
_____
_____
_____

Charton Baggio Scheneider

PALAVRAS-CHAVES E PONTOS DE GATILHOS

- 6 modos para assumir a venda:
  — Fechamento com ordem de pagamento em branco
  — Fechamento secundário
  — Fechamento de escolha alternada
  — Felicite o prospecto
  — Use contraste
  — Torne isto divertido!
- Como eliminar o remorso do comprador.
- Como obter indicações.
- Como usar indicações para criar um futuro.
- Arquivo de pessoas chave.

"Visualize o que você quer. Veja, sinta, acredite nisto. Faça seu formulário mental, e comece a construir!"

Robert Collier

"A imaginação nos equipa a perceber a realidade quando não está completamente materializada".

Mary Caroline Richards

Apêndice

CHECKLIST DE COMPROMISSOS

Data do Compromisso	Prioridade	Compromisso / Por que	Checar no Dia	Deadline para Conclusão
		Compromisso: Por que:		
		Compromisso: Por que:		
		Compromisso: Por que:		
		Compromisso: Por que:		
		Compromisso: Por que:		
		Compromisso: Por que:		
		Compromisso: Por que:		
		Compromisso: Por que:		
		Compromisso: Por que:		
		Compromisso: Por que:		
		Compromisso: Por que:		
		Compromisso: Por que:		
		Compromisso: Por que:		
		Compromisso: Por que:		

Charton Baggio Scheneider

Informações sobre este treinamento in-company pelo site:

www.chartonbaggio.com

www.ingramcontent.com/pod-product-compliance
Lightning Source LLC
Chambersburg PA
CBHW030003190526
45157CB00014B/410